ALAIN-FABIEN DELON

DE LA RACE DES SEIGNEURS

ALAIN-FABIEN DELON

DE LA RACE DES SEIGNEURS

roman

Stock
arpège

Couverture : Hokus Pokus
ISBN : 9782234086074

À celle que j'aime et qui m'a
soutenu jusqu'ici, merci.
Et à tous les mécontents,
sans rancune.

Oh! voilà qu'au milieu de la danse macabre
Bondit dans le ciel rouge un grand squelette fou
Emporté par l'élan, comme un cheval se cabre :
Et, se sentant encor la corde raide au cou...

« Bal des pendus », Arthur RIMBAUD

PROLOGUE

Je titube dans un Paris violacé ; l'air est moite, l'eau de la Seine d'un noir profond. Comme un appel de la nuit. Mes pieds flottent dans le brouillard. Je passe une langue sur mes lèvres aussi sèches que du carton. Des ombres dansent autour de nous. Luc marche à côté de moi, sa bouche est rouge depuis qu'il est tombé sur le quai. Il porte ma petite fiole de coke autour du cou. Luc, c'est mon meilleur ami. Depuis ce matin. C'était la deuxième fois qu'on se voyait, pour un « call-back » comme on dit dans le cinéma. Le réalisateur a aimé le premier essai mais en demande un nouveau pour être sûr. Il valait mieux qu'il le soit : ce n'était pas n'importe quel rôle. Luc avait déjà joué mon « meilleur ami » lors de la première prise. Il est revenu. On a tourné la scène. Je me suis donné à fond, la rage, la passion... Tout, j'ai donné. Le réalisateur a adoré.

C'était trop. Trop pour moi.

Après le casting, Luc et moi avons passé l'après-midi et la soirée à explorer les alcools blancs des bars et les cages d'escalier pouilleuses du 20e, où traînent des seringues. Tout va si vite quand on se drogue ; on se sent dans une formule 1 lancée à pleine allure. Un meilleur ami peut se trouver en vingt-quatre heures. Et disparaître le lendemain. La vie et la mort n'existent plus. On est ailleurs, dans une autre dimension. Un monde où l'on est anesthésié de tout. Ça n'empêche pas d'être aux aguets. J'ai mon flingue dans le pantalon. Prêt à me défendre. Mon père m'a appris ça ; il était soldat. « Alex, sois toujours aux aguets. Parce que si on t'attaque, tu mourras deux fois : de la balle qui te trouera la cervelle et de ta connerie. »

Luc sort un joint qu'il allume de ses doigts tremblants. Je tire dessus. Le cône est mouillé de sa salive ; ça fait penser à une tétine.

Plus loin, sous le pont, des rats font un festin de ce qui ressemble à un sac-poubelle. On court vers eux pour les faire fuir. Je ne tiens pas droit. La nausée en moi. Envie de vomir. Pendant quelques secondes je ne vois plus rien. Du noir et des petits points blancs, c'est tout.

Quand je rouvre les yeux, les rats ont disparu. Dans le sac éventré moisissent des bouts de hamburger. Luc en attrape un qu'il avale d'un coup. Il se tourne vers moi :

– Je peux te demander un truc ?

– Ouais.

– Ça te fait quoi de penser que si t'étais pas le « fils de », t'aurais pas été appelé pour ce casting ?

Quart de seconde. Instinct de survie.

Ma vision redevient nette. Son jean trop serré. Ses yeux de fouine. Sa gueule de con.

Mon cœur s'allume.

– Qu'est-ce que t'as dit, là ?

– Tu as très bien entendu, dit-il en avalant une autre bouchée de son burger à rats.

Je sors le flingue de mon jean.

Tout mon corps, tout mon cerveau est mobilisé sur cette seule tâche.

Je suis prêt.

J'enclenche.

Face à moi, mon meilleur ami a changé de couleur. Il se met à couiner :

– Arrête, putain... Qu'est-ce que tu fais ? Arrête...

Je touche le bout du pistolet ; il est glacé. Doucement, je le lève dans sa direction. « Fils de », il a dit. Il va voir.

– Alex, s'il te plaît...

On dirait qu'il miaule.

Le brouillard autour de moi se reforme, des lumières clignotent au loin, la nausée me reprend.

Il y a alors cette voix grave dans mon dos :

– Vous ne devriez pas.

1

La première chose que je vois, ce sont deux pieds. Deux pieds blancs qui s'agitent comme de petits animaux. Il me faut quelques secondes avant de les raccorder au reste de mon corps. Quelqu'un m'a enlevé mes chaussures. D'accord. J'enregistre l'information et fais un effort pour ouvrir davantage les yeux. Une lumière douce baigne la pièce. Je suis allongé sur un divan, noyé au milieu de coussins brodés. Je dois délirer. Un être maléfique cogne avec son marteau sur les parois de mon crâne.

Dans le fond, un rideau bouge lentement, blanc et fantomatique. Tout ça ne m'amuse plus. Où suis-je? Quelle heure est-il? Il faut que je me lève mais quelque chose m'en empêche. Envie de pisser.

Mes paupières se referment. Je me fais violence pour les rouvrir. J'ai soif. Bouche sèche. De l'eau, par pitié! Autour de moi tout est blanc. Les murs. Les étagères remplies de livres.

À gauche, face au divan, un grand bureau de verre.

Je commence à sentir mon cœur battre plus vite. Besoin d'une clope. Qu'est-ce que c'est que cet endroit? Pourquoi je ne me réveille pas? Si c'était un rêve, je me réveillerai, non?

Un flash.

Un flingue.

Je voudrais que le monde cesse de flotter autour de moi. Concentre-toi... Fixe un point et ne le lâche plus, pense à l'objectif de la caméra...

C'est alors que je le vois. Mon Remington, posé sur ce bureau inconnu. Putain.

J'essaye de me lever mais quelqu'un surgit dans mon dos. Une ombre passe sur moi. Je m'effondre. Jamais eu mal au crâne comme ça. Le type s'approche du bureau.

– C'est ça que vous voulez?

Une percée dans le brouillard. Je reconnais cette voix. L'homme sur les quais. C'est lui! Il m'a pris mon flingue! Je veux ouvrir la bouche mais aucun son ne sort. Dans ma tête, les petits coups de marteau continuent. Je me contente d'un geste. Oui, c'est ça que je veux.

L'homme attrape le pistolet, le tâte puis le repose. À la place, il me tend un verre d'eau. Je me jette dessus, le siffle d'un trait. Le type le remplit à nouveau. Il est assez grand, un peu voûté. Ses cheveux gris le trahissent : c'est un vieux. Il porte un costume sur une chemise froissée et des mocassins blancs.

– La mémoire vous revient, jeune homme?

Je termine mon verre d'eau et articule avec peine :

– Vaguement.

– Je vous ai ramené ici mais je dois dire que vous étiez dans un sale état...

Je rembobine le film. Luc, le burger à rats. La discussion qui dégénère. « Fils de. » J'ai beau avoir de la purée dans le crâne, la scène se dessine, de floue devient nette. Une silhouette se détache. L'homme sur les quais, c'est bien ça. Sa voix, son geste. « Vous ne devriez pas, avait-il dit. Donnez-moi ça, ce n'est pas un jouet. » Luc pleurait comme une fille. J'ai éclaté de rire et rendu l'arme. Le reste est brumeux. Je me revois chancelant, appuyé sur l'épaule du vieux, avançant presque malgré moi. Porté par une ombre.

– Parfois, il paraît plus simple de tout flinguer, continue l'homme aux mocassins. On se dit qu'on ne peut pas faire autrement. Moi je vous pose la question : et s'il y avait un moyen de faire autrement ?

– Autrement ? dis-je en crachant mes poumons.

– Vous vous en étouffez...

– Non, c'est la clope.

Il s'assoit sur un fauteuil à côté du bureau et me regarde fixement. Je suis allongé face à un inconnu, dans un appart' inconnu, le crâne explosé. Si le gars sort d'un tiroir un couteau pour me faire la peau, je n'aurai même pas la force de crier. Qu'importe. Je n'ai plus envie de rien. Tout s'effrite. « Et s'il y avait un moyen de faire autrement ? » Laisse tomber ! Pour ça, il faudrait tout reprendre de zéro, casser l'ardoise et recommencer. *Autrement*... Ce mot vient d'une langue inconnue, voilà tout.

Face à moi l'homme sourit.

*

J'ai l'impression d'avoir vécu plusieurs vies dans la même journée. Ce matin, j'étais à ce fameux call-back. La chance de ma vie. Mon premier contrat d'acteur. Le rôle principal, des actrices magnifiques pour tourner avec moi, un cachet de dingue... Et un cinéaste hors pair, Frédéric Werner, récompensé à Cannes et aux César. Tout ce à quoi je m'étais interdit de rêver jusque-là. Pour la deuxième fois, donc, Werner a voulu me voir dans la scène la plus violente du film. Je ne peux pas vous donner de détails car le projet est confidentiel, mais en gros, mon personnage considère Luc comme son meilleur ami, jusqu'à ce qu'il découvre qu'il l'a trahi et décide de régler ses comptes avec lui. On y était. Je devais le menacer, le pistolet sur la tempe ; Werner avait insisté là-dessus, c'était le moment de bascule du film, le grand rebondissement. Quand il a crié « Coupez ! », j'ai compris tout de suite... Il avait ce petit sourire admiratif. Ces yeux qui scintillent et disent : « Je crois en toi, tu es ma star, mon étoile. » Ça n'a pas duré longtemps, mais je donnerais n'importe quoi pour retrouver ce regard. Tout. Ma vie, mon fric, mon âme... Toutes les cames, toutes les filles... Enfin presque. C'est hallucinant d'être regardé comme ça, d'être désiré comme ça. Dans l'œil de la caméra il y a de l'amour. Il y a cette lumière qui panse les plaies, qui à elle seule justifie votre existence. C'est comme une déclaration : « Tu es magnifique. Je suis fier de toi. » Des mots que les parents destinent normalement à leurs enfants, qui les encouragent — fini les petites roues, tu es grand à présent, fonce sur ton vélo, n'aie pas peur, tu ne tomberas pas. Werner m'a serré dans ses bras, « C'est bien, c'est très bien », puis il m'a conduit dans un petit bureau. Je planais. Sur la table, mon contrat m'attendait. Il avait tout prévu, il était sûr de lui — et de moi. La pièce n'avait pas de fenêtre, j'ai trouvé qu'il faisait chaud, on m'a apporté un Coca, j'ai fait une blague à l'assistante, elle a éclaté de rire avant de refermer la porte derrière elle. Frédéric Werner a claqué dans ses mains. « Tiens ! » Il m'a tendu un stylo. « On va faire de grandes choses ensemble, crois-moi. » Ça a été immédiat. Une lame me transperçant le ventre. La peur. Terrible. Paralysante. J'ai posé le stylo. L'absence de lumière naturelle m'a collé le vertige ; il faisait vraiment trop chaud dans cette pièce. La lame continuait de fouiller mes entrailles, j'ai su que j'allais tout gâcher.

Comment expliquer ça ? Comment en vient-on à se priver du rêve pour lequel on se serait damné quelques jours plus tôt ? Dire non au bonheur quand il vous ouvre ses portes ? Empêché, j'étais. J'ai pris un ton grave, faussement détaché, pour dire à Werner que je ne signais pas. Je devais d'abord réfléchir.

Il a crié : « Pourquoi ? » Moi : « Je sais pas. » Il n'en revenait pas. « Tu veux plus d'argent, c'est ça ? » À ma tête, il a saisi que ce n'était pas la question. La somme était déjà exorbitante ; avec cet argent, je pouvais racheter ma liberté, il le savait pertinemment. Un ange est passé. Soudain, il a planté ses yeux dans les miens. « Alex, réfléchis bien. C'est sûr que tu es attendu au tournant. Tout le monde aura les yeux braqués sur toi. Ton père le premier. Mais ce rôle peut changer ta vie. À toi de voir. Si tu t'obstines à refuser, je cherche quelqu'un d'autre, tant pis. Nul n'est irremplaçable. » Il a rangé mon contrat dans une pochette. « Je n'ai pas de temps à perdre. Je veux ta réponse demain à dix heures. » J'étais pétrifié, incapable d'identifier ce qui me faisait le plus peur... Le rôle en soi, la discipline du tournage, ou bien tout simplement de devoir l'annoncer à Papa ? Surtout, je n'étais pas d'accord : certains êtres sont irremplaçables, il suffit de perdre la fille qu'on aime le plus au monde pour s'en rendre compte. Moi, j'attendais toujours celle qui me ferait oublier Diane. Elle n'existait pas. Diane était irremplaçable, surtout depuis qu'elle m'avait quitté. Je me suis levé, furieux contre Werner et sa remarque minable. Il n'avait pas l'air plus ravi que moi. On s'est serré la main, déçus et malheureux tous les deux.

De son côté, Luc faisait des bonds partout. Décrocher ce second rôle était une telle aubaine... Mais Luc est un *nobod'*, on n'a pas les mêmes problèmes lui et moi. « Woh, mon pote ! » Il s'est jeté sur moi en me bourrant de coups de poing amicaux. J'ai joué le jeu. « Ouaich, mon gars ! La classe ! » Je ne lui ai pas avoué que j'hésitais, que j'avais une nuit pour prendre ma décision, que j'étais mort de trouille. Pour lui, l'affaire était pliée. Il m'a défié en croisant les bras façon videur de boîte *gangsta* : « Fiesta ? » J'ai relevé le gant : « Fiesta ! » Il voulait s'amuser et moi oublier. Ça ne pouvait que mal finir... Sans surprise, on s'est retrouvés dans l'alcool. Bière, vin, tequila, vodka. Luc voulait qu'on se fasse une *Lepers*, le « 4 à la suite ». Quatre shots vidés cul sec coup sur coup. On a enchaîné les parties et fini à égalité. « T'as pas de la beuh ? » Luc avait un grand sourire niais. Il me restait deux joints, qu'on a fumés dans une cage d'escalier. Plus ma fiole de coke. À minuit, on était sur une autre planète. Je n'avais plus à faire de choix. J'étais dans l'éternité de la nuit. Je ne sais plus qui de lui ou de moi a eu l'idée d'une virée sur les quais... Là, on s'est engueulés, ça a dégénéré et vous connaissez la suite.

Le cinéma, ça mène vraiment à tout.

2

– Mon père, c'est Alexandre Delval.

Le souffle du vieux s'est suspendu une seconde. C'est toujours comme ça quand je prononce le nom sacré. Le temps s'arrête. Tout change. On ne me voit plus. Papa envahit la pièce, sature l'air en même temps qu'il me nourrit. J'existe à travers lui. Une présence permanente.

– Et alors ?

Je sursaute. Étrange. Je ne perçois pas la moindre trace d'étonnement dans sa voix, alors qu'il me semblait que...

– Ben... Alexandre Delval, quoi !

– Il m'est arrivé d'aller au cinéma, jeune homme. Je vois assez bien qui est Alexandre Delval.

– Je ne sais pas, vous n'avez pas l'air surpris. Les gens le sont en général.

Il a éclaté de rire. J'ai trouvé ça inquiétant.

– À mon âge, et avec le métier que je fais, il n'y a plus grand-chose qui me surprenne... Pas même que le fils d'une star flirte avec le danger en pleine nuit...

– Vous m'aviez reconnu ?

– Bien sûr que non, vous étiez de dos. Mais maintenant que je vous regarde, c'est frappant. Votre père et vous, vous avez la même...

Il n'a pas fini sa phrase. On a « la même » quoi ? La même gueule, la même folie, la même détresse ? Mon regard glisse sur ses mocassins blancs, son costume froissé et son drôle de sourire... Qu'est-ce que c'est que ce type ? Malgré la brume qui englue mon cerveau, je commence à paniquer.

– Pourquoi vous m'avez amené ici ? Vous êtes un psychopathe, c'est ça ?

– Un psychopathe ? C'est trop d'honneur...

Il sort de sa poche un étui en argent, en tire une longue cigarette très fine et l'allume délicatement.

– Allons, jeune homme, rassurez-vous. Si j'étais un psychopathe, comme vous dites, je ne vous aurais pas mis en sécurité. Vous avez beaucoup trop bu. Je vous rappelle que vous étiez à deux doigts de tuer quelqu'un.

Bam ! Retour de boomerang. Je voudrais le convaincre que c'est faux, que je n'allais pas tirer, mais ce type m'a vu avec Luc, armé, en plein délire. J'ai déconné, je le sais. Et il me tient. Je m'attarde sur son visage, ses yeux clairs, lumineux, ses rides — des rides rassurantes de papi gâteau. Soyons honnête, il n'a pas l'air méchant. Et puis il aurait pu appeler les flics ; il ne l'a pas fait. Je ne devrais pas en demander plus. Il faut juste que je rentre chez moi, maintenant. J'essaye à nouveau de me lever mais plus aucune commande ne répond. La nausée me prend d'un coup. Un pas et je vomis. De sa voix toujours calme, le vieux continue.

– C'est un peu mon métier d'aider les gens... Je suis psy. Prenez le temps de décuver. Je ne suis pas pressé. Quel est votre prénom ?

Je regarde mes pieds, le divan, les coussins moelleux.

– Alex. Enfin, Alexandre.

Un blanc.

– Comme votre père ?

Je souris nerveusement. Un tic que j'ai.

– Ouais, comme mon père. Tout pareil.

L'odeur de tabac emplit le salon. J'ai envie de lui demander une cigarette mais je n'ose pas. La situation est absurde, j'ai vécu la pire nuit de ma vie et je me retrouve à faire la conversation à un psy que je ne connais pas, pieds nus sur son divan. Si Werner me voyait...

– Et vous êtes acteur ?

Mon cerveau cogne. Ne sachant pas quoi répondre, j'opte pour un truc flou.

– C'est toute la question.

– Douloureuse, j'imagine..., dit-il en hochant la tête.

Sa voix est si douce que le divan me paraît soudain accueillant.

Douloureuse... Infernale, oui ! Je sais bien qu'en choisissant le cinéma je me glisse dans les pas de géant de mon père, que la comparaison sera toujours violente et défavorable. On ne s'attaque pas ainsi à un monstre sacré. Mais je sais aussi que les chiens ne font pas des chats, que les passions se transmettent par le sang comme d'incurables maladies, qu'il est impossible d'échapper aux obsessions qui vous fondent. Le vieux continue :

– On vous offre un rôle important aujourd'hui, comme on l'a fait autrefois avec votre père, c'est ça ?

Il me tend un nouveau verre d'eau que je descends d'un coup et je lui réponds dans un soupir.

– C'est si compliqué.

Voilà. *Compliqué.* Avec ce mot, quelque chose en moi lâche. Je déteste les psys, je déteste me livrer, balancer tout ce que j'ai de plus intime à des gens qui ne vivront jamais ma vie, tiens, cadeau, c'est pour toi, mais là, c'est plus fort que moi. J'ai l'impression que cet homme a envie de m'écouter. Juste ça. M'écouter. Je ferme les yeux et je m'abandonne.

Est-ce que la parole peut sauver ? Est-ce que certains mots, s'ils nous cueillent au bon moment, peuvent dessiner un chemin de lumière dans ce truc noir et violent qui nous sert d'existence ? J'ai envie de m'en sortir, envie de prouver de quoi je suis capable ! J'aimerais que cet homme comprenne qui je suis. Pas juste un « fils de », pas juste un petit con à la jeunesse dorée, pas juste une victime non plus. J'attends le moment où je pourrai me définir autrement que par des négations ; arrêter de dire, « je ne suis pas... », oser le « je suis ». Mes rêves sont ceux de tout le monde :

être heureux, aimer et être aimé, réussir ma vie. Ni plus ni moins. Seul, je n'y arrive pas. Mais voilà que ce soir, l'instinct, la peau, quelque chose de plus beau et plus puissant que la raison m'ordonne d'oser : l'espoir fou que cet inconnu m'entendra. Je raconterai et on saura enfin. On saura le monstre que j'ai comme père. On saura l'amour que je lui porte. On saura la douleur d'un cri jeté dans le vide.

*

Mon père est le plus grand acteur que je connaisse. Personne ne m'ôtera jamais cette fierté. Je l'aime. J'ai toujours admiré son allure, son talent, sa beauté. Il n'y a pas plus beau qu'Alexandre Delval. Même aujourd'hui avec ses cheveux blancs et sa barbe, il fascine. Dans sa jeunesse, il était comme moi. Cheveux noir de jais. Mince. Nous ne prenons jamais un gramme dans la famille. Il dit parfois que nous avons été taillés par les dieux. Il était magnifique, il l'est toujours ; il a ce regard noir qui transperce, qui soutient, qui berce. Cette voix grave qui vous enveloppe. Cette façon d'être sans avoir à parler. Ce nom qu'il m'a légué est un sésame, une façon de m'échapper aussi. Il a toujours cru en moi. Combien de fois l'a-t-il martelé quand j'étais enfant :

– Toi aussi, tu seras un mythe. Toi aussi tu seras Alexandre Delval. Tu es ma merveille.

Delval. Delval. Delval. Un nom que je pourrais répéter à l'infini. C'est notre blason, notre plus belle affiche. Deux syllabes dans lesquelles se mêlent la réalité et la fiction, la face publique et ce qu'on a de plus intime. On me pose souvent la question : « Ça fait quoi de voir son père sur un écran ? » Je ne sais jamais quoi répondre. Cet homme qui se fond dans la peau d'un héros, d'un bandit ou d'un prince est-il vraiment mon père ? À chacun de ses rôles il se réinvente. La lumière, c'est lui qui la prend. Il peut tout jouer. Il a tout joué. Impossible de compter le nombre de films dans lesquels il a tourné. Il y en a trop, et je m'arrête au milieu. Je sais qu'il a commencé sa carrière à vingt-deux ans. Si je dis oui demain à Werner, j'aurai au moins fait ça de mieux que lui : je n'ai que dix-huit ans. Pas sûr que Papa y voie un cadeau. Mais pour ce qu'on fait des cadeaux, dans la famille...

Alexandre Delval est un seigneur. Personne ne lui arrive à la cheville. Dans notre propriété de Mortagne, tout le monde le traitait comme un roi, à commencer par moi. Il était mon soleil et nous vivions dans un royaume. Imaginez ce château, énorme, 150 hectares en plein cœur du Perche. Une vaste forêt avec des murs tout autour. On montait au lac en voiture, puis on débouchait sur la grande bâtisse entourée de pelouses parfaitement lisses. Derrière se trouvait une piscine qui donnait sur une autre piscine. Une enfilade de piscines. Sa passion. Il y avait une salle de jeux aussi, avec des baby-foot à l'ancienne, comme dans les années 1980. Je n'avais pas le droit d'y aller.

Au printemps, quand le soleil pénétrait par les persiennes, Papa passait me prendre dans ma chambre.

– Tu viens mon chéri ? On va marcher.

Et nous marchions, une heure ou deux, sans nous arrêter, entourés de ses hordes de chiens. Il avait toujours un bâton à la main. Gaston, le chat roux qu'il avait recueilli bébé et qu'il adorait, trottinait derrière nous. Ce chat, c'était un chien de plus dans le château.

Durant la promenade, Papa me parlait.

Son œil noir tournait dans le ciel, voguait vers le lac, les piscines, puis revenait vers moi en scintillant. J'aimais cette sensation qu'il me donnait, celle d'être le seul à qui il pouvait se confier.

Il me racontait souvent la guerre, lui qui était un héros de l'Algérie. Au début, il n'avait pas voulu la faire. Il était parti là-bas pour suivre des copains, disait-il. Pour fuir. Pour vivre une aventure. Il était si jeune... En vérité, il avait obéi à l'État, comme les autres. Cette période avait été la plus dure de sa vie, mais aussi la plus belle. À cause de la liberté, de ce sentiment infini qu'il avait enfin éprouvé. Il avait beau être loin de tout, c'était la première fois qu'il ne se sentait plus seul. L'armée l'avait pris sous son aile en le transformant en soldat.

En Algérie, surtout en bordure du Sahara, tout pouvait arriver. Comme ce jour où, racontait-il, faute de munitions, il s'était battu à mains nues avec un gars du FLN. Son escouade avait reçu l'ordre d'espionner un groupe d'ennemis progressant vers un point stratégique. Ils devaient se frayer un chemin à travers les dunes, sans faire aucun bruit... Autant dire que c'était impossible. Un troufion avait fini par se plaindre : « Je viens de Dunkerque, moi ! J'y comprends rien à leur désert ! » « Tais-toi ! » avait riposté mon père. Trop tard. Le Chti les avait fait repérer. L'assaut avait immédiatement suivi. Les Français manquaient de fusils : ils étaient simplement en mission de reconnaissance. À un moment, un indépendantiste s'est jeté sur Papa. Par chance, il a roulé au sol avant d'être blessé. Dans le sable ! L'autre a plongé aussi. Ça canardait au-dessus d'eux. Ils se sont battus comme des lions. Avec les dents ! Au bout de plusieurs minutes, Papa a réussi à coincer l'ennemi. Il l'a étranglé. Fin de l'histoire. Lorsqu'il est rentré à Paris, l'État ne l'a même pas récompensé. C'était à lui d'écrire sa propre légende et à nous de la croire ou pas.

Apeuré, admiratif, je lui demandais s'il avait failli mourir.

– Ah ça !.... Si tu savais... Enfin on n'avait pas le choix, à l'époque.

Il me serrait l'épaule en souriant. L'armée, il en gardait un bon souvenir finalement.

– C'est dommage qu'il n'y ait plus le service militaire. Tu devrais t'engager volontairement plus tard. C'est la meilleure mère au monde, l'armée.

J'acquiesçais, bien sûr.

À Mortagne, comme dans tous les royaumes enchantés, il y avait des loups. Mon père disait qu'il en avait sauvé des dizaines en les introduisant dans sa forêt, où ils vivaient en liberté. De grands loups noirs aux crocs luisants et affûtés comme des lames. Pas besoin de vous faire un dessin. J'avais cinq ou six ans et j'étais aussi terrifié qu'hypnotisé. Je rêvais d'en voir un. Mais il ne fallait pas que je m'aventure dans les bois sans Papa. Avec lui en revanche, je ne risquais rien.

– Tends l'oreille vers minuit, me disait-il. Tu pourras les entendre hurler et avec un peu de chance tu en apercevras un près de la maison.

Il avait baptisé le mâle alpha Wolfie. C'était son préféré, le plus impressionnant. Une bête immense au pelage bleuté. Tout le monde disait que c'était faux. Il n'y avait aucun loup par ici.

Une nuit, alors que je veillais à ma fenêtre, j'ai vu Wolfie. Il s'était approché tout doucement du château. Ses yeux jaunes brillaient dans l'obscurité. Devant la porte vitrée de la salle à manger, il s'est arrêté. J'ai descendu l'escalier à la hâte pour le voir de plus près, mais à peine avais-je atteint la porte qu'il s'était évanoui, happé par les ombres.

J'ai raconté la scène à mon père le lendemain.

– Tu vois, je te l'avais bien dit…

Ma mère avait haussé les épaules.

Quand l'été venait, Papa et moi faisions de longues pauses devant le lac pour admirer les canards. Les chiens s'y baignaient ; le chat Gaston les observait depuis le bord, et nous restions là, lui à parler, moi à l'écouter. Sa vie était peuplée de stars, de businessmen, de bandits, de banquiers, de femmes. Sans compter la soixantaine d'employés qui géraient sa carrière et ses propriétés.

Souvent mon père terminait ses tirades par sa phrase fétiche :

– Je ne m'appartiens plus, chéri. Je suis Alexandre Delval. Je ne suis plus rien d'autre.

Et son regard se perdait dans l'horizon.

La moindre de ses apparitions se transformait en un moment de fête. Tout s'allumait. On dressait des tables. On commandait des côtes de bœuf gigantesques qu'on faisait cuire sur un barbecue géant. Les nappes blanches et les verres en cristal étaient disposés sur les tables, le champagne coulait, les invités déferlaient. La musique montait vers le ciel et emportait les corps. On sautait dans les piscines. Les chiens couraient dans le parc, des enfants dont je ne savais rien jouaient au foot avec moi. L'été durerait des siècles.

Maman gardait toujours une place à table pour lui. Et le grand Alexandre Delval se promenait entre les invités, comme à un mariage, lâchant à chacun un mot personnel, une petite attention, un sourire. Il prenait parfois le micro et improvisait des discours qui enflammaient l'assistance. Les pales de l'hélicoptère tournaient en l'attendant, la poussière voletait autour.

Je me souviens de cette fois où il a dû partir précipitamment pour jouer sa pièce de théâtre à Paris :

– Je vous laisse profiter de ce moment sans moi. Je dois aller gagner des sous pour mon enfant.

Il embrassait Gaston, les chiens et ma mère. Puis il décollait pour un mois. La maison retombait dans le silence et l'apathie. Quand l'automne s'installait et que le manque se faisait sentir, je regardais à la télé les rediffusions de ses films. Maman me le passait au téléphone et rien ne me faisait plus plaisir qu'entendre au bout du fil sa voix rauque.

À Noël, il revenait avec des valises d'argent et de cadeaux. L'année de mes neuf ans a marqué un tournant. Après un Noël justement, j'ai attrapé une maladie. Une belle saloperie : la mononucléose. Je n'avais aucune idée de ce qui m'arrivait. Je ressentais une immense fatigue, j'avais de la fièvre et une angine. Il me fallait des antalgiques et beaucoup de repos. Je suis resté dans cet état trois à cinq semaines après les premiers symptômes. J'étais épuisé. Je ne pouvais rien faire d'autre que dormir. J'ai appris beaucoup plus tard que la mononucléose est aussi appelée « maladie du baiser ». C'était ma mère qui me l'avait transmise.

Les choses se sont aggravées quand on m'a découvert une pneumonie. Après un ou deux rendez-vous à Mortagne, ma mère n'a pas hésité. Il fallait m'envoyer à l'hôpital à Paris. J'ai passé plusieurs semaines dans une chambre aux murs vert pâle qui sentait la Javel et la serpillière humide. Je ne mangeais plus, je m'affaiblissais. Il m'est arrivé de convulser sur le lit. Papa était en tournage à ce moment-là, mais rassurait Maman et les médecins. Ce n'était pas grave. Pourtant je toussais, je toussais sans arrêt. J'avais quarante de fièvre. La sueur me dégoulinait du front, je dégageais une odeur putride. On changeait mes draps tous les jours. Un jour, des clowns d'hôpital sont venus soi-disant pour me distraire et me redonner le sourire. Ils m'ont fait tant de peine avec leur nez rouge, leur perruque violette et leur salopette démesurée que je me suis mis à pleurer. Le personnel médical a dû intervenir pour les faire sortir. Ma mère était navrée, elle pensait l'idée bonne. La pauvre veillait sur moi comme elle pouvait. Je la revois à mon chevet, seule. Je crois qu'elle en avait maigri de chagrin.

Mon père avait beau dire, les médecins étaient préoccupés. Je le ressentais sans tout comprendre. Moi, la seule chose qui m'intéressait était de savoir si Papa viendrait me voir. Tous les jours je posais la question à Maman. Tous les jours elle baissait les yeux. Puis un matin, alors que je ne l'attendais plus, je l'ai aperçu derrière la vitre du couloir.

Il tenait un ours en peluche dans les bras.

– Tu n'as pas le droit d'avoir mal, mon fils. Tu es un homme, a-t-il dit en m'offrant Teddy Bear.

Il m'a embrassé tendrement. Un quart d'heure plus tard, il disparaissait à nouveau.

Son assistant lui avait appris que Gaston était malade. Il avait donné l'ordre de rapatrier immédiatement le chat en hélicoptère de Mortagne à Paris.

3

Je me sens vaciller. J'ai perdu l'habitude de parler, de me confier. Le psy a sorti un Coca d'un minibar caché sous le bureau. Il me tend la cannette glacée, qui mousse un peu à l'ouverture. C'est bon. J'ai l'impression de redécouvrir le goût du sucre. Il en profite pour ouvrir le rideau et la fenêtre. La nuit est encore plus noire, plus épaisse que tout à l'heure. Un vent frais passe sur mon visage. C'est agréable. Pas un bruit. Nous sommes les seuls à veiller dans cette ville morte.

Le vieux tire une autre cigarette de son étui d'argent. Je sens que tout m'est ouvert. Je n'ai pas envie de dormir, pas envie de bouger non plus. Je suis bien, là, allongé sur ce divan, à côté de ce psy dont j'ignorais l'existence il y a encore quelques heures.

Il est calme. Il paraît sûr de lui, mais pas comme mon père, pas comme un roi qui écrase ses laquais, plutôt comme quelqu'un qui sait qui il est et ne cherche pas à impressionner les autres. Il boite un peu. L'âge, sans doute. Je me sens comme à Mortagne dans les temps heureux. Protégé. En confiance. Rien de mal ne m'arrivera cette nuit. Demain, on verra. Werner a insisté : « Tu m'appelles à dix heures, Alex. » L'appeler, mais pour lui dire quoi ? Je n'ai pas fait mon choix. Demain, ce sera peut-être la guerre. Mais pour l'instant ça va. La nuit est à moi.

– Monsieur ?

– Oui ?

– Est-ce que je peux rester encore un peu, finalement ?

– Tu peux. J'ai tout mon temps.

Il laisse passer quelques secondes puis écrase sa Vogue.

– De toute façon, personne ne m'attend.

Il y a de la brusquerie dans son ton. Une forme de colère.

– Qu'est-ce que vous voulez dire ?

– Rien. Enfin, rien d'autre que ça. Je suis libre de mon temps, voilà...

O.K. Ça sent l'embrouille, cette affaire, la nana qui claque la porte en lui disant d'aller se faire foutre. Ces choses-là, je les repère à cent kilomètres. La rupture avec Diane m'aura au moins appris ça. Tension, tristesse, gâchis : les trois visages de la séparation. Pauvre vieux. Son costume froissé me ferait presque de la peine, maintenant. Ses rides se sont creusées d'un coup. La douleur, ça fait vieillir plus vite... Un éclair me saisit. Et moi ? À quoi ressemblerai-je dans cinquante ou soixante ans? Serai-je même encore de ce monde? Le même avec du bide, une canne... Une femme autre que Diane, des enfants? Des petits-enfants? Quant à mon père... L'idée seule de sa disparition me noue le ventre. Impossible. Irréel. Sans compter qu'une poignée d'abrutis seraient fichus de proposer des obsèques nationales! Alors, une fois de plus, on me volerait mon père, on le figerait dans le panthéon éternel des mythes.

À ces pensées, le vertige me reprend.

Le vieux se lève, ouvre une armoire de laquelle il sort une bouteille. Whisky, sans doute, à en juger par la belle couleur dorée. Il ne m'en propose pas. Cet homme est étonnant! À chacun de ses gestes il trouve quelque chose à boire. Je suis tombé sur le psy qu'il me fallait... Un vrai toxico, en plus. Le voilà qui craque une allumette pour sa nouvelle cigarette. Quand il se rassoit dans le fauteuil, il me demande simplement :

– Et vous, Alex? Est-ce que quelqu'un vous attend?

*

La première fois, j'avais quatorze ans. C'était en décembre, à une soirée chez des potes, face à la Seine. Il y avait trente ou quarante personnes. La fille était folle. Je me souviens que les mecs m'avaient dit : « Tu peux y aller, c'est la salope de l'école. » J'avais peur, un peu. Ce n'est pas que je crois au romantisme, aux fleurs et aux petits cœurs. Mais j'aurais bien aimé que ça se passe autrement. Là, c'était un vrai bizut'. Deux ou trois gars lui étaient déjà passés dessus dans la chambre du fond. J'ai attendu mon tour dans le salon, assis par terre.

À un moment, elle est sortie de la chambre. Brune, pas vraiment jolie, mais bien roulée.

– Toi, elle a dit en pointant son doigt sur mon torse.

Je crois qu'elle me trouvait beau, plus beau en tout cas que les autres, car elle m'avait « gardé pour la fin », c'étaient ses mots.

Je ne me souviens plus du reste. La chambre était sombre, l'odeur chargée. Assez glauque, si j'y pense. Elle s'est jetée sur moi, m'a déshabillé et s'est mise à me lécher le torse en poussant des petits gémissements. Puis elle a baissé mon pantalon et m'a pris dans sa bouche, comme ça, d'un coup. J'ai eu chaud, puis froid, puis chaud. Elle s'est arrêtée à temps et m'a attiré à elle sur le lit, les cuisses écartées sur sa robe qui ne servait plus à rien. Je me suis enfoncé en elle et j'ai fait ce que j'avais à faire. Ni plus ni moins. « Vilain ! Méchant ! Méchant ! » hurlait la nana. Je trouvais ça ridicule mais j'ai quand même joui. Un peu trop vite, je l'avoue. À ce moment-là j'ai pensé : « Ça y est, je suis un homme. » La scène manquait de panache, mais c'était fait. « Un homme. »

Après, je suis tombé amoureux de jolies blondes, de brunes caractérielles, de rousses étranges. Chaque fois j'ai souffert. Je suis un mec gentil, je crois, toujours attentif, le genre à caresser l'épaule de la fille alors qu'elle s'est déjà endormie... D'une manière ou d'une autre, pourtant, ça finit toujours par foirer. Elles ne me donnent jamais ce que je veux, ou peut-être que j'attends trop. Alors j'étouffe et je pars. Mais ma Boucle d'or, elle, je l'ai dans la peau.

Diane, elle s'appelle. Prénom maudit. Je n'ai jamais aimé une fille comme elle. Future avocate, s'il vous plaît. Nous nous sommes rencontrés à Paris il y a un an, dans une boîte de nuit du 6e. Je sortais d'une période très dure, je ne croyais plus en rien. Et elle a fait irruption dans ma vie. Je la reverrai toujours, la tête renversée, dansant au milieu des lumières rouges et des bouteilles de champagne qui tournaient. Sur le petit podium qui servait de scène, on ne voyait qu'elle. Du haut de ses dix-sept ans, elle avait quelque chose d'irréel avec ses longs cheveux blonds ondulant sous les flashs stroboscopiques. Dès que je l'ai vue, ma peau est devenue électrique. Un réflexe reptilien. J'ai foncé vers elle sans réfléchir, lui ai tendu ma main pour qu'elle descende du podium. Elle a refusé. Je lui ai hurlé que je voulais lui offrir un verre et elle a hoché la tête. « Vodka tonique. Avec beaucoup de glaçons. » De la main, elle m'a indiqué le bar sans s'arrêter de danser.

Je me suis exécuté, le cœur en vrac. Sa robe moulait ses seins, elle savait qu'elle était belle et jetait son corps à la face du monde. Elle a pris le verre d'une main féline et m'a remercié en faisant papillonner ses yeux. « Une autre ! » Elle me donnait déjà des ordres. C'est le propre des reines. J'ai vidé avec elle une autre vodka, et suis monté sur le podium, mais il n'y avait pas de place pour deux. Les heures ont défilé, mélangeant l'alcool, le désir et la sueur, et je ne comprenais plus rien, hormis que la reine face à moi m'avait jeté un sort. Elle a fini par descendre de son podium, le pas titubant. Le maquillage noir avait coulé de ses yeux, la rendant encore plus sauvage. « Je rentre », a-t-elle balbutié avant de s'effondrer sur moi. Je n'étais pas très vaillant mais j'ai réussi à héler un taxi dans la rue. Je suis monté avec elle. « Tu habites où ? » Elle n'a pas répondu. « Hey, on va où ? Ton adresse ? Tu te rappelles ton adresse ? » Les yeux fermés, elle a murmuré quelque chose, je me suis penché vers elle, elle a répété « Opéra... », et la voiture a démarré. Durant le trajet, elle a dormi contre mon épaule. Rien n'était plus beau que ça, que cet abandon, cette confiance.

Diane partageait avec sa sœur aînée un trois pièces sur cour dans un immeuble situé entre le boulevard des Italiens et la place Vendôme. Sa sœur était absente cette nuit-là. Le salon, étroit mais charmant, possédait une cuisine minuscule avec un bar américain. Elle m'a indiqué sa chambre en se cognant aux murs. La pièce était bien rangée, avec un lit au milieu et un bureau. Malgré la pénombre, on y voyait correctement grâce aux réverbères de la rue. Je n'ai pas allumé la lumière. Il faisait doux. Je l'ai posée sur son lit, tout habillée. J'avais envie d'elle mais je me sentais paralysé. Je suis resté debout quelques minutes à la contempler. Puis je me suis détourné, j'ai marché à petits pas vers la sortie.

– Reste...

Sa voix était alourdie par une langueur qui m'a rendu dingue. « Reste... » Elle s'est tournée sur le côté et je me suis couché près d'elle. Sa main s'est glissée dans la mienne, naturellement, puis elle s'est endormie. Pas un baiser. Pas une caresse. Mais son corps chaud contre le mien, endormi.

Cette nuit platonique a sans doute été le moment le plus érotique de mon existence.

Le lendemain, c'était déjà une autre histoire qui commençait. Elle a sursauté en me voyant dans son lit, puis, comme si elle reconstruisait le puzzle de la soirée passée, elle s'est apaisée. Son attitude bougonne ressemblait à celle des ados réveillés trop tôt. « Tu m'attends, j'ai besoin d'une douche, là. » Elle s'est enfermée dans la salle de bains une demi-heure.

Quand elle est sortie en peignoir, le visage parfaitement démaquillé, les cheveux humides, je l'ai redécouverte. Elle semblait plus jeune, plus accessible. Une petite Boucle d'or. Elle m'a regardé avec un sourire franc et m'a tendu une serviette. « Le podium de douche est libre ! » Ça nous a fait rire tous les deux.

On a pris le café sur le comptoir de sa cuisine. Diane m'a raconté sa vie, ses projets, la fac de droit dans laquelle elle aimerait s'inscrire plus tard, après le bac. Elle habitait dans ce trois pièces avec sa grande sœur, déjà en master, car ses parents avaient tenu à lui offrir un lycée privé au taux de réussite impressionnant. À dire vrai, c'était elle qui m'impressionnait. On avait le même âge, mais pas le même rapport au monde. Diane avançait avec confiance dans l'existence, elle avait une liberté folle. Je lui ai parlé de moi, un peu, le moins possible. Au moment de prononcer la fameuse phrase, « Mon père, c'est Alexandre Delval... », ma gorge s'est nouée.

« Et alors ? »

Sa réponse m'a sidéré.

« Ne pense pas à lui ! Pense à toi ! Fais ce que tu veux de ta vie. » Elle avait l'air de s'en moquer, de mon père. Elle ne le trouvait pas formidable comme acteur. Un peu « sois beau et tais-toi ». Je n'étais pas d'accord avec elle, mais ça m'a fait du bien de l'entendre.

On a fini un paquet de gâteaux en discutant. On rusait pour retarder le moment. On savait elle et moi comment tout cela allait se terminer ; on ne serait pas plus originaux que le reste de l'humanité. On essayait de profiter encore un peu de *l'avant*. Et puis, au moment où elle a débarrassé nos mugs dans l'évier, je me suis approché d'elle.

Son corps était déjà chaud, disponible. Nos langues se sont enlacées avec force, j'ai fait courir mes lèvres sur sa peau, me suis glissé sous son peignoir. Sur son sein gauche, j'ai remarqué un grain de beauté en forme d'étoile. Je suis devenu fou. De son côté, elle avait quelque chose d'animal, de violent presque. Elle me mordait le lobe de l'oreille, plantait ses ongles dans mon dos. J'ai défait son peignoir, embrassé son nombril, ses fesses, tout son corps. On a fait l'amour avec rage, comme pour se défaire de quelque chose. Un combat de boxe délicieux, enivrant. Elle, une reine.

J'ai gardé plusieurs jours sur le cou le tatouage bleu de ses lèvres. Son blason.

Les semaines qui ont suivi ont formé une parenthèse enchantée. Nos nuits d'amour étaient folles ; je terminais le cœur battant, vaincu, les cheveux trempés contre ses seins, et j'en demandais encore.

Brillante comme elle était, Diane a eu son bac avec mention et a été admise à Assas. Elle rêvait de devenir avocate depuis le collège. Sans doute parce que sa famille lui avait répété que c'était un métier pour elle, une profession noble, valorisée, à la hauteur de son talent. Je l'admirais, d'autant que je sortais alors d'une période difficile. Plus les mois ont passé, plus mes sentiments sont devenus profonds, sérieux. Grâce à elle, j'ai trouvé une forme de paix intérieure ; j'avais très envie de concrétiser cette harmonie. Avant sa rentrée universitaire, je lui ai proposé qu'on s'installe ensemble. Ça faisait un an déjà qu'on était en couple. On était bien tous les deux. Au même moment, sa sœur aînée a obtenu un poste à Londres et elle m'a proposé aussitôt d'habiter avec elle. Je n'ai pas hésité une seconde.

Nos premiers pas dans la vie d'adultes ont été heureux. Chaque fois que je le pouvais, j'allais l'attendre à la sortie de ses cours à Assas. Elle me suffisait. Diane savait les mots qui pansaient mes souffrances ; de mon père elle disait que ce qui ne peut être changé doit être dépassé ; de ma mère qu'il fallait garder les meilleurs souvenirs. Que mes parents n'étaient pas moi. Que j'avais une responsabilité dans mon destin. Elle me poussait à me dépasser. Il fallait que je travaille, moi aussi, que je gagne ma vie. Elle était plus douce qu'un rêve.

Et puis, il y a un mois, il s'est passé quelque chose. Ce fameux casting. Cette porte sur le cinéma, que je n'avais pas cherché à ouvrir tout seul. Je vous raconterai peut-être, mais c'est douloureux... Bref, quelque chose en moi a vrillé. J'ai commencé à avoir peur de la perdre. J'avais besoin de me rassurer en permanence. J'ai commencé à devenir jaloux. « Ils sont comment, les mecs de l'amphi ? Moins bien que moi, pas vrai ? » Au début, ça la faisait rire. Elle trouvait ça mignon. Mais je ne voulais pas être « mignon », j'étais sérieux, je l'aimais. L'idée que d'autres lui tournent autour me rendait fou. « Ne t'inquiète pas, Alex... » Je m'inquiétais pourtant. Elle passait tellement d'heures avec ses camarades de fac ! Je sentais en moi monter l'hostilité envers ces jeunes étudiants érudits qui avaient déjà lu et relu tous les grands auteurs. Dans le fond, je ne contrôlais plus rien. J'étais en boucle sur ces questions. « Non, je ne te trompe pas, Alex. Arrête, maintenant ! Tu soûles avec ça ! » Mon insistance ne la faisait plus sourire du tout. Un soir, en plein pendant ses partiels, pour lesquels elle révisait avec la rigueur d'un général des armées, je l'ai poussée à bout. C'était la suspicion de trop. Quelque chose d'électrique a traversé l'air. Diane s'est métamorphosée. Ses yeux clairs ont viré au noir, le sang lui est monté au visage, elle s'est mise à hurler, « Putain, mais tu fais chier avec ça ! J'en peux plus, tu comprends ! Allez, dégage ! Tu prends tes affaires... », elle m'a jeté mes affaires à la gueule, « ... tes angoisses et tes questions de psychopathe, et tu sors de ma vie, O.K. ! » En quelques minutes, je me suis retrouvé sur le palier, avec un sac, mon ordinateur et des fringues à la main. La porte a fait un bruit terrible en claquant. J'ai hurlé, j'ai pleuré, j'ai demandé pardon. La porte est restée fermée. Dire que cette scène remonte à quelques jours... J'ai l'impression que ça s'est passé il y a mille ans, dans un monde parallèle.

Cette nuit-là, dans la chambre miteuse d'un petit hôtel déniché par miracle, j'ai mouillé mon oreiller de larmes. J'avais tout gâché, une fois de plus. Dès que je suis heureux, je me méfie ; alors je passe à la caisse. Adieu Diane. Je me suis quand même demandé si je ne l'avais pas fait exprès. Dans le fond, j'avais confiance en elle, mais je sentais que je l'aimais trop, que ça devenait dangereux. Sans doute ai-je voulu m'épargner le cauchemar d'une séparation qu'elle aurait elle-même provoquée. Un réflexe de survie pitoyable.

J'ai tenté de l'appeler et de lui écrire les jours suivants. Elle avait bloqué mon numéro. Je suis passé à Assas mais ne l'ai pas vue. Elle devait s'arranger pour brouiller les pistes. Je lui ai envoyé une lettre la semaine dernière, à l'ancienne, pour lui demander pardon, lui dire que je l'aimais. Elle ne m'a pas répondu. J'ai rencontré une reine et je l'ai perdue, voilà. Malgré ma peine, j'ai décidé d'avancer, comme un soldat, comme un homme. Je suis allé passer le call-back fixé par le réalisateur. Je l'ai fait pour elle, indirectement. Pour me prouver à moi-même ma valeur. Leçon comprise. Ne jamais s'attacher. Mais séduire, oui. Et quand ça se présente, brûler les cœurs.

C'est un truc qu'on a en commun, avec mon père. Ce côté don Juan. Il a toujours été comme ça. Particulièrement avec ses fans. À Mortagne, il y a une femme qui fait quinze kilomètres à vélo tous les jours pour glisser un mot dans la boîte aux lettres de Papa. Et puis elle attend. Vingt ans qu'elle attend. Quand il sort avec sa voiture blindée, elle le suit à vélo.

Depuis le restaurant de la place du village, il suffit de tourner la tête pour la voir. Elle est là, dans le renfoncement d'une ruelle, les yeux braqués sur nous. Enfin, sur lui. Souvent elle porte une cape et un chapeau qui lui masque le visage.

Elle ne s'approche pas plus que ça, n'essaye pas d'engager la conversation. Elle lui écrit et elle l'attend. Lui n'a jamais répondu à ses mots.

Quand on sort du restaurant pour reprendre la voiture, elle disparaît. Mais on sait d'avance qu'il y aura une lettre d'amour, encore une, coincée sous l'essuie-glace. Sur l'enveloppe, c'est toujours la même chose : « Pour Alexandre », rédigé d'une petite écriture penchée. Papa sait que la folle reviendra le lendemain, le surlendemain, tous les jours. Plantée devant sa grille. Ça l'amuse. Il n'envoie jamais personne la déloger. « Elle ne ferait pas de mal à une mouche, dit-il. Laissez-la rêver à son lion. »

Nous avons ce truc-là, chez les Delval, ce sourire à décrocher les étoiles. Papa m'a transmis ça : une manière d'être, une lueur dans le regard, ce qu'on appelle une gueule. Belle gueule. Il aurait pu avoir n'importe quelle femme. D'ailleurs il les a toutes eues, mais aujourd'hui il est seul. Seul à en crever dans son immense château, à tourner avec ses chiens, à contempler les décombres de sa gloire; comment peut-il avoir été si adulé, admiré, porté aux nues, et se retrouver parfaitement seul, sans une femme pour lui tenir la main, à l'hiver de son existence ? Quel intérêt à tout réussir avec panache si c'est pour briser ce qui nous entoure ? Ça me fait très peur, la solitude. Perdre ce que tu as et qui te rend heureux. Le problème, c'est toujours après le bonheur. Quand le quotidien s'installe, quand les démons reviennent danser en liberté. Les démons, ça me connaît. Je compose avec eux depuis mon enfance.

C'est peu après mes onze ans que tout a basculé.

Je revois encore cette nuit-là, atroce. La nuit du départ de Maman. J'étais enfermé dans ma chambre. Autour de moi se tenaient tous ces monstres, cachés sous le lit, prêts à me dévorer dès que je serais endormi. Leurs longues griffes, leurs crocs brillants... J'avais besoin d'imaginer une histoire plus affreuse que celle qui se déroulait à l'étage du dessous entre Papa et Maman. Tous ces cris, ces coups, une fois que les lumières s'éteignaient.

Ça dure depuis des mois. Chaque soir, le paradis de Mortagne se transforme en champ de bataille. Mais cette nuit-là, ça crie plus fort, c'est strident même. Mes démons ne sont pas assez puissants pour masquer mes angoisses. Un à un, les monstres s'évanouissent. Ils m'abandonnent.

Un hurlement plus long. C'est ma mère. Moi je ne veux pas entendre, je ne veux pas savoir. Je ne veux pas croire que c'est elle, que c'est lui, que ce sont mes parents. J'imagine qu'ils jouent un rôle.

Puis Maman entre dans ma chambre. Elle prend mon sac, le bourre d'affaires rapidement. Elle ne me parle pas. Je suis pétrifié.

Elle ressort.

Impossible de dormir. J'ai l'impression que le temps s'est arrêté, j'écoute, je guette, mais il n'y a plus rien. J'ai peur. Et puis soudain, une lumière jaune. Ma mère apparaît avec sa lampe de poche, les bras chargés de sacs. À ma montre Flik Flak, il est cinq heures. Elle pose un doigt sur ses lèvres, « Chut, tais-toi, tais-toi », avant de pousser vers moi mes chaussures.

Je descends l'escalier en veillant à ne pas faire grincer les marches. L'air de l'aube est frais. Elle me fait monter dans la bagnole et démarre au quart de tour. Elle accélère.

Au bout de cinq minutes à pleine bourre, on franchit le portail. Je dois lui jeter un regard désespéré car Maman se force à sourire. « On part à Rome, m'explique-t-elle dans un murmure. Mortagne, c'est fini. » J'acquiesce, je me la boucle. Un enfant, ça ne choisit pas ses destinations. Assis sur le siège passager, je fixe des yeux mes baskets. J'ai honte d'être toujours en pyjama. « Essaye de dormir », a soupiré ma mère.

Ce n'est que le lendemain, lorsqu'on s'est arrêtés pour manger un McDo' et faire de l'essence, que j'ai vu son visage. Sur sa joue, le sang avait laissé une trace pourpre.

Je crois que c'est à ce moment-là que j'ai vraiment commencé à rêver de motos. Imaginez un peu... En moto on peut s'évader quand on veut. S'évader... On dit ça des taulards, aussi. Quand le moral me lâche, que je n'en peux plus et suis près d'exploser, je fais gronder le moteur et je file dans les rues de Paris en grillant les feux rouges. C'est là que je me sens vivant. Dans la possibilité de la mort, dans le face-à-face avec elle. À 200 à l'heure, je défie la Camarde. Non, tu ne me fais pas peur, je te plie à ma volonté, tu n'as pas prise sur moi ! La mort est partout, sous mes pieds, sur le bitume qui défile à toute allure, dans ces voitures qui me tournent autour. Je me sens alors maître des horloges et du temps, maître de moi. Plus besoin de chercher ma place, je trace ma route et il n'y a plus d'ombre sur mon cœur. Il n'y a que la vitesse et le rugissement du moteur. Parfois, je roule jusqu'à la mer, Cabourg, Deauville, toutes ces conneries, je hurle sur la plage. Je reviens dans la nuit. Personne n'en sait rien.

C'est mon parrain qui m'a offert ma première moto. Tonton Freddy avait toujours la barbe bien taillée et les cheveux propres. Quand il enlevait ses lunettes de soleil, on découvrait des yeux clairs bouffis par les cernes. Papa l'adorait, moi aussi ; il venait souvent nous rendre visite le dimanche. Le jour de mes dix ans, du temps béni de Mortagne, il m'avait bandé les yeux pour me « faire une surprise » et m'avait pris par la main. « Tu es prêt ? Tu peux regarder ! »

J'avais découvert face à moi une magnifique Honda rouge et noir. Une bécane impressionnante, énorme. Quel petit garçon de dix ans reçoit de tels cadeaux ? Il me faudrait attendre encore un peu pour la conduire, mais qu'importe ! Je me souviens de mes cris de joie. Maman avait applaudi pendant que Papa, ravi, déposait un baiser complice sur sa joue. Quant à Tonton Freddy, il m'avait soulevé de terre pour me faire tourner. Je riais, il riait et, un peu plus loin, le gros gars qui ne le quittait jamais d'une semelle riait aussi, sa kalach bien droite entre les jambes.

Quand ils voulaient se parler « entre hommes », je devais retourner dans ma chambre. Parfois ils faisaient semblant de ne pas voir que j'étais caché sous la table. Ils fumaient des cigares et buvaient de l'alcool. Moi, je scrutais le flingue qui dépassait du jean délavé de Tonton ; Papa aussi en avait un. Il me répétait souvent que je pouvais être fier d'avoir un tel parrain. J'étais fier.

Mais un jour, tout s'est arrêté. Freddy est mort dans un règlement de comptes. C'est un garde du corps de Papa qui m'a averti. On l'avait retrouvé à la lisière d'une forêt, criblé de balles comme un morceau de gruyère. J'étais encore ado. J'ai pensé : « Tonton Freddy ne m'offrira plus jamais de moto. » Et puis : « Pauvre Papa, il va être si triste. » Perdre Freddy, c'était perdre un frère. Je zonais en ville quand j'ai appris la nouvelle. Ni une ni deux, j'ai sauté sur ma Honda, « hommage à Tonton », et j'ai foncé vers le château. Je voulais retrouver Papa, lui montrer que j'étais là pour lui. Dans le bois de Mortagne, j'ai buté à pleine vitesse sur une racine. Culbute. Mauvaise réception. Je me suis mangé un arbre en pleine face. Pendant une seconde, le monde m'a semblé bourré de coton. Puis j'ai repris mes esprits.

Réflexe numéro un : me relever. Me comporter en homme. Narguer la douleur atroce qui flinguait mes genoux, mes pieds, toute ma jambe gauche.

Réflexe numéro deux : vérifier que la bécane était sauve. Oui, par miracle. C'était moi qui avais tout pris.

J'ai ramené la moto au garage en serrant les dents. Ma jambe me lançait, j'avais la tête qui tournait. Surtout, ne pas se plaindre. Ça passerait.

J'ai retrouvé Papa au salon, Gaston sur ses genoux. De petits vaisseaux rouges avaient éclaté dans ses yeux. J'ai voulu m'approcher, lui dire un mot au sujet de Tonton, mais le moindre mouvement me faisait un mal de chien. J'ai réuni mes forces :

– C'est triste, pour Freddy.

Il m'a écarté d'un geste, sans un mot. Je me suis enfermé dans ma chambre pour me faire couler un bain. Ma jambe avait la couleur d'une prune bien mûre.

Le soir même, au dîner, alors que régnait entre nous un silence de tombeau, Papa a enfin desserré les dents :

– Tu boites.

– Non, je boite pas.

– Tu te fous de moi ? Tu boites, je te dis.

– C'est juste que j'ai mal mis la béquille de la moto tout à l'heure et qu'elle m'est tombée dessus. Mais ça va.

À la fin du dîner, il a recommencé :

– Tu veux une canne pour marcher ?

J'ai haussé les épaules. Se comporter en homme. « Tu n'as pas le droit d'avoir mal, mon fils. » J'ai encaissé, putain, j'ai encaissé ! En gardant le silence. Mais la douleur était telle que je ne pouvais plus faire un pas. Mon père a grimacé.

– Freddy ne se plaignait jamais, lui.

Mon cœur s'est mis à pulser. C'était tout ce qu'il trouvait à me dire ? Que je me plaignais ? J'avais pas lâché un seul gémissement ! Il s'est levé brusquement, a sifflé ses chiens et s'est tourné vers moi d'un air mauvais :

– T'es un bon comédien, tu sais... Tu boites parce que tu veux plus être avec moi ? Tu n'aimes pas ton père, c'est ça ? Allez, j'appelle un taxi. Casse-toi.

Il a disparu.

Dans l'avion qui me ramenait à Rome, chez ma mère, j'ai eu si mal que j'ai demandé à l'hôtesse un verre d'alcool.

On ne refuse rien au fils Delval. Même à mon âge.

Mais l'alcool ne m'a pas calmé, au contraire. Je me sentais de plus en plus mal. Ma jambe me lançait comme si on y avait planté mille couteaux. Une nausée infâme était en train de m'envahir alors que l'avion se trouvait secoué par les turbulences. La plus longue heure de ma vie de gamin, je vous jure. J'ai lutté de toutes mes forces pour ne pas perdre connaissance. Je l'avais compris, sombrer c'était mourir. Mais mes yeux se fermaient. Je me souviens d'avoir pensé une drôle de chose : je pourrissais de l'intérieur. Mon dernier souvenir, c'est le cri de l'hôtesse qui décroche le téléphone d'urgence.

4

Le vieux m'a écouté avec attention, sans jamais m'interrompre. Peut-on parler à un inconnu comme à un ami d'enfance ? Avec la même confiance, le même abandon ?

Quand je pense « ami d'enfance », mon cœur se serre un peu. Gamin, je n'en avais pas. J'ai grandi tout seul entre Mortagne, Paris et Rome. C'est à l'adolescence que les choses ont changé, grâce à Vassili. Mon frère d'autrefois. Vassili qui connaît tout de moi et dont je n'ignore aucun secret. Ensemble, nous avons dépassé les rives de l'enfance, nos voix se sont transformées, nos corps se sont musclés. Premières filles, premières larmes d'alcool et folies de jeunesse. Vassili... que j'ai perdu par ma faute. J'aimerais tant pouvoir tourner la page. L'amitié ne veut rien dire, c'est une fausse promesse. Dans la vie, chacun défend son bout de gras. Il n'y a rien d'autre.

Le psy, toujours silencieux, me dévisage comme s'il attendait la suite de mes confessions.

Justement. Lui par exemple. Il m'a recueilli, m'a empêché de faire une connerie. Pourquoi ? Qu'est-ce qui le pousse à agir ainsi ? Qu'est-ce qui l'anime ? La curiosité, l'orgueil, le besoin d'avoir une bonne image de lui ? Pourquoi serait-il différent des autres ? Quand me décevra-t-il ? La désillusion est sans doute le sentiment qui ordonne et détermine le mieux ma vie. Pourquoi ce vieux échapperait à la règle ? Tu fais confiance aux gens et après ils t'enfument. Je suis sur mes gardes maintenant. Un vrai soldat, comme Papa. Je toussote :

– Excusez-moi, vous avez l'heure ?

La nuit a beau nous envelopper, mon esprit commence à percer les brumes.

– Trois heures du matin ! dit-il en regardant sa montre chromée.

Le compte à rebours est lancé : sept heures avant d'appeler Werner. Tic-tac, tic-tac. « Alors, Alex, ta réponse ? Tu le fais, ce film ? » Je ne veux même pas y penser. *Domani sarà un altro giorno*, demain sera un autre jour, aimait répéter ma mère.

– Écoutez, je crois que ça commence à aller mieux. Je vais rentrer.

– Très bien, Alex.

À l'instant où je me suis retrouvé debout, cependant, tout s'est remis à tourner. J'ai titubé et me suis effondré au pied du divan. Le vieux m'a aidé à me réinstaller.

– Reposez-vous encore un peu.

J'ai saisi son petit sourire au passage : il me trouvait bien risible et avait raison.

– Pff..., ai-je soupiré. Tout ça, c'est à cause du «4 à la suite»...

– Le «4 à la suite»? Qu'est-ce que c'est?

Dans ma bouche, malgré l'eau et le coca, je sentais encore le goût de l'enchaînement bière-vin-vodka-tequila.

– C'est une version moderne de l'enfer, lui ai-je répondu.

Après explication, le psy a écarquillé les yeux, outré, perplexe, un peu amusé aussi.

– Je ne sais pas ce qui est pire, a-t-il commenté. Que vous ayez bu comme des trous ou bien que votre ami Luc regarde *Questions pour un champion*! Je croyais que c'était l'émission préférée des maisons de retraite.

J'ai hoché la tête. Luc avait un côté ringard, il fallait bien l'admettre. Le vieux gardait une lueur de gaieté dans le regard.

– Ah la jeunesse! L'alcool nous en fait voir de toutes les couleurs, pas vrai?

– Vous avez un problème avec l'alcool?

– Oh non. Pas au sens où vous l'entendez du moins. C'est juste que votre état me rappelle... Enfin, on est tous passés par là... Oh rien. Oubliez ça...

Mais tout dans sa voix et son attitude prouvait qu'il rêvait de me raconter son histoire. Et j'avais soudain envie de savoir. Je lui ai offert mon sourire de petit garçon irrésistible. Une technique développée autrefois avec mes nounous, très efficace, qui me permettait d'obtenir coup sur coup des glaces, des crêpes et du chocolat.

– Bon d'accord..., soupire-t-il en déplaçant le fauteuil face à moi.

*

– J'avais dix-sept ou dix-huit ans. On était en vacances en Bourgogne dans un très joli coin, au milieu des vignes. C'était avec des copains de lycée, nos premières vacances sans les parents. Autant vous dire qu'on était plus qu'heureux. On sillonnait les routes à vélo la journée, et le soir on trouvait un lieu où dormir. Soit une auberge de jeunesse, soit chez l'habitant quand il était possible de travailler en échange du gîte et du couvert. Un jour, nous avons déniché un grand château entouré de vignes. Le propriétaire a accepté de nous héberger une semaine. En échange, nous devions aller vendre son vin au marché. Nous dormions tous les cinq dans la grange qu'il avait aménagée en loft. De vrais coqs en pâte. Le problème, c'est qu'une nuit nous avons exploré la grange et trouvé une cave. Dans cette cave, il y avait au moins cent bouteilles. Des nectars anciens, 1912, 1920, 1929... Mes copains ne voulaient pas qu'on y touche, c'est moi qui ai insisté... Et ce qui devait arriver arriva... Nous avons bu une première bouteille.... Puis une deuxième, puis une troisième...

« Quand le soleil s'est levé, le propriétaire avait déjà ramassé une dizaine de cadavres... À cinq ! Je vous laisse faire la moyenne. J'ai vomi toutes mes tripes... Je n'ai jamais été aussi mal de ma vie, un peu comme vous tout à l'heure. Le plus drôle, finalement, c'est que ce vin que nous avions trouvé si délicieux était de la piquette bouchonnée! Le propriétaire gardait ces vieilles bouteilles pour en faire du vinaigre!

– On peut dire que vous manquez de goût.

Il y a eu un blanc d'une seconde avant qu'on éclate de rire tous les deux. J'étais content de ma réplique, et lui de ses souvenirs. À travers nos rires, le tableau se dessine dans ma tête. Un brouillon plutôt. Je n'arrive pas à l'imaginer minot, un tire-bouchon à la main, le pif rouge comme une fraise écrasée.

– J'étais jeune, que voulez-vous...

Machinalement, ses doigts cherchent son paquet de Vogue et sa boîte d'allumettes.

– Dites... Je peux vous en prendre une?

Il hésite une seconde puis me tend une de ses longues cigarettes très fines. Une clope de tarlouze. Mais ce soir, je garde ma remarque pour moi.

– C'est fou, dis-je en tirant sur la Vogue qui n'est pas si mauvaise que je me l'étais imaginé. Vous, les psys, j'ai tendance à vous voir comme des êtres à part, enfin des gens pas humains, et je découvre que vous avez les mêmes failles que moi...

– Tous les hommes ont des failles.

La clope me fait du bien. Je flotte un peu, laisse mes yeux se promener sur la bibliothèque. Face à moi, mis en évidence, se trouve le livre d'un certain Boris Cyrulnik. Ça s'appelle *Mourir de dire*. Le titre est un peu con, je trouve. En dessous, il y a un sous-titre : «La honte.» Ça me parle davantage. La honte, je vis avec depuis des années. Parce que je suis toujours trop petit, trop faible par rapport à ce que mon père attend de moi. Parce que même ma mère m'a tourné le dos. Parce que je n'arrive pas à vivre comme je le devrais, comme j'en ai envie.

– C'est bien ce livre ?

– Lequel ?

– *La honte.*

– *La honte* ? Ah, *Mourir de dire* ! C'est très intéressant, oui.

– Ça parle de quoi ?

– Essayons de résumer... Pour Cyrulnik, même si une personne a honte, elle a besoin de parler, notamment pour se libérer du poids qui pèse sur elle. Mais elle n'y arrive pas parce qu'elle craint le regard de l'autre. Du coup, ce qu'elle ne dit pas la tue à petit feu, tout comme cela tue son entourage. Vous comprenez ?

Son regard profond me fait baisser la tête. Sur le bureau de verre, mon flingue est toujours là, paisible. Il semble me narguer.

*

Un soir, alors que je passais un week-end à Paris dans son bel appartement, mon père est venu me chercher pour qu'on aille dîner ensemble. Maxim's. Concorde. Quand je suis monté dans la Mercedes, il m'a fait un clin d'œil et a posé sa main sur mon épaule sans un mot. J'étais si fier d'être avec lui, moi, le gamin de dix ans, de pouvoir lancer aux copains : « Mon papa, c'est Alexandre Delval. » Grâce à lui et Tonton Freddy, j'étais déjà propriétaire d'une moto. Je faisais des envieux et ne m'en rendais même pas compte. S'ils avaient su, tous, comment cela tournerait...

Papa n'a pas dit grand-chose sur le chemin. Il portait son costume bleu nuit, une cravate, des lunettes noires. Il était rasé de près. Je sentais l'odeur de son parfum chic, la fragrance « pour homme ».

Son chauffeur m'a demandé comment j'allais et m'a proposé de m'emmener à Euro Disney le lendemain.

– Très bonne idée, a dit Papa.

Sur le trajet, il a sorti son téléphone.

– J'ai reçu au moins cent coups de fil, aujourd'hui. Je ne rappelle que le président de la République. Tu m'excuses une minute, mon chéri ?

La conversation n'a pas été longue. C'était surtout le président qui parlait. Je regardais mon père, fasciné. À dix ans, on croit encore au pouvoir. Et « président de la République », ça en jetait. Mais personne ne dépassait mon père. À l'époque, je ne voyais que lui. Je ne sais pas pourquoi je dis « à l'époque ». Il a toujours pris toute la place. Les gens que je croise ne cessent de me parler de lui. Comment est-il dans la vie ? Sympa, charismatique, irrésistible ? Comme dans ses films ? Même celles qui devaient m'être dévouées, mes nounous, voulaient connaître les détails, les anecdotes croustillantes...

Je ne pouvais jamais être certain de l'authenticité des regards que l'on m'adressait. Les gens ne font pas exprès, ils sont hypnotisés, comme moi, comme les femmes, comme tout le monde. Hypnotisés par le monstre sacré, par le géant qui sature l'espace, absorbe la lumière et tue tout autre désir. Il a raccroché et m'a demandé :

– On va aller à l'Élysée bientôt. Ça t'amuserait ?

– Oh oui Papa, beaucoup.

– Tu pourras t'asseoir dans le fauteuil du président.

Et il a ri. Je trouvais l'idée formidable. On me mettrait une couronne sur la tête et on m'applaudirait.

– C'est quand ton anniversaire ? Bientôt non ?

– Oui, dans deux semaines.

– Eh bien, parfait.

La voiture s'est arrêtée devant une grande façade illuminée, à la devanture rouge et or. Des panneaux de bois clair ornaient l'entrée. De lourds rideaux cachaient les gens qui dînaient en vitrine. On aurait dit un théâtre. Dans un bâillement, Papa m'a confié :

– Je suis fatigué, Alex. C'est toi qui le prends.

– Je prends quoi ?

Il a sorti de son pantalon un objet en métal. Un petit pistolet noir.

– Dans le resto, au moindre problème, tu le sors et tu flingues. Tu ne te poses pas de questions. Tu flingues. Comme ça.

Il a armé le pistolet et l'a pointé vers moi.

– Bang.

Il s'est marré à pleines dents. Je lui ai souri. Je fais toujours ça quand j'ai la trouille. Sourire. Il a remis la sécurité puis m'a tendu l'arme.

– Dans ta poche, il a dit.

Puis il m'a tapé sur l'épaule. Quand on est entrés dans le restaurant, il m'a ébouriffé les cheveux tendrement, comme le font les pères normaux. Tout le monde nous regardait. Une haie d'honneur s'est improvisée devant nous. Le patron nous a accueillis en levant les bras. Les gens sont venus demander des autographes, des photos.

Le flingue dans ma poche, je savais quoi faire en cas de dérapage et les clins d'œil répétés de Papa venaient me le confirmer.

Au bout de trente minutes de signatures et de salamalecs, on a pu s'asseoir. Il a commandé du champagne et du homard, et pour moi des pommes soufflées avec du steak haché. J'ai passé la soirée à tâter le pistolet, à le réchauffer dans ma paume, par sécurité. J'avais beau être un enfant, il me faisait confiance. « Tu fais gaffe. Il m'a coûté très cher, j'y tiens comme à la prunelle de mes yeux. » À part ça, on ne parlait presque pas. Je mangeais lentement, péniblement, la boule dans ma gorge était trop grosse. Je scrutais la porte, les gens ; j'examinais chaque fan qui s'approchait de la table. Je l'aurais fait pour lui.

Il le savait.

– Quand tu auras seize ans, on ira ensemble tirer au stand. Il faut savoir tirer pour être un homme, m'a-t-il dit dans la voiture sur le chemin du retour.

Le petit pistolet noir a retrouvé le pantalon de Papa. Je me suis promis d'être à la hauteur pour en avoir un à moi, un jour.

Des mois plus tard, peut-être même des années, je ne sais plus, en me promenant dans les sous-sols de Mortagne qui m'avaient toujours été interdits jusque-là, j'ai découvert un des secrets les mieux gardés de mon père. Une pièce immense, qui n'était pas fermée à clé. Plus grande encore que sa cave à vins. Partout, je dis bien partout, il y avait des armes. Revolvers, carabines, fusils... Un arsenal de guerre. Des armes de toutes les époques, visiblement en état de marche.

J'ai fait le tour du trésor, sidéré, me suis enfoncé au fond de la salle. Et j'ai eu un flash. Notre déjeuner chez Maxim's m'est revenu d'un coup. Le petit flingue noir trônait là, sous mes yeux, dans une vitrine éclairée. On aurait dit une succursale Ferrari. Évidemment. Cette arme était l'une des plus chères que Papa ait achetées. Il en était si fier qu'il m'en avait confié le prix, hallucinant.

J'ai ouvert la vitrine. Elle non plus n'était pas fermée à clé. J'ai plongé ma main pour sortir le flingue. Une petite étiquette est tombée par terre. Je l'ai ramassée. Dessus on pouvait lire : « Pistolet personnel de Heinrich Himmler, années 1940. Propriété de Monsieur D. »

5

De mes onze à mes quinze ans, je me suis partagé entre la France et l'Italie. Depuis le départ de ma mère, plus rien n'était comme avant. Je passais mes vacances à Paris et à Mortagne ; le reste du temps, je vivais à Rome et étudiais au collège international. La nuit terrible au cours de laquelle Maman s'était enfuie avec moi avait marqué une rupture. Après, tout était allé très vite. Le divorce de mes parents avait fait de moi un enfant trait d'union, puis un enfant malheureux, et assez rapidement, un adulte prématuré. Le seul qui ait illuminé cette période, c'est Vassili. Vassili Théotakis, d'origine grecque comme son nom l'indique, avait mon âge et passait lui aussi ses journées au collège international : ses parents diplomates travaillaient à Rome depuis des années. Avec ses vieux, c'était la guerre, mais pour des raisons opposées aux miennes. Ses parents étaient trop collants, toujours là sur son dos, à le surveiller, à le couver. Il étouffait. Entre compagnons d'infortune parentale, on se comprenait.

Un samedi, je m'en souviens comme si c'était hier, mon ami m'a donné rendez-vous devant le Simply Market de la via Ettore Rolli. La nuit allait bientôt tomber. Nous avions douze ans, du temps à perdre, de la mauvaise musique dans les oreilles. *Love Don't Let Me Go*... Cette année-là, David Guetta était encore considéré comme un dieu de la techno. «*Hai soldi?* T'as de la thune?» m'a demandé Vassili en italien.

L'italien était notre langue commune, notre terreau; j'aimais l'idée que mon premier ami, *amico vero*, communique avec moi dans la langue de ma mère. Comme cette dernière n'était pas souvent avec moi, je lui parlais peu. Au collège, on privilégiait l'anglais et le français. L'italien incarnait donc à mes yeux le petit monde maternel, la chaleur du sein, les matinées avec elle, enfant, les lectures à l'heure de la sieste, les moments disparus. Avec Vassili, l'italien s'est confondu avec l'amitié, ce beau lien fraternel. Je ne le lui ai jamais avoué, ça aurait fait trop sentimental et je ne voulais pas qu'il me prenne pour un pédé.

De la thune? «*Penso di si*», lui ai-je répondu. En raclant le fond de mes poches j'ai trouvé 20 euros. «*Alla grande!*» Il m'a alors tiré par la manche dans le supermarché éclairé au néon, jusqu'au rayon des boissons. Devant les bouteilles de grenadine, son visage s'est illuminé. Il avait une idée. Un truc de rebelles pour emmerder les touristes. «*Scemo!* Idiot!» ai-je répliqué joyeusement avant même qu'il m'explique son plan. C'était comme ça avec lui : on n'avait pas besoin de se parler pour se comprendre. Nous sommes sortis avec dix bouteilles de sirop, payées rubis sur l'ongle à une caissière qui nous souriait bêtement, s'imaginant sans doute un goûter géant d'enfants sages avec cake et cotillons. Au crépuscule, nous nous sommes mis en ordre de bataille. Nous avions choisi la plus emblématique des fontaines : celle de Trevi. La foule n'était plus aussi dense qu'en milieu de journée. L'air de rien, nous nous sommes assis sur le rebord de la fontaine à côté des derniers promeneurs qui s'embrassaient en faisant des vœux et avons ouvert les bouteilles dans notre dos. Vassili voulait casser le romantisme, l'eau claire deviendrait rouge sang; il entendait d'ici les hurlements des touristes et s'était préparé un rôle de composition. Les mains sur le visage, les yeux exorbités, il aurait crié « Rome est maudite ! *Maledizione !* » pour effrayer les badauds. Moi je le suivais en riant. À vrai dire, je pensais surtout à Anita Ekberg : mon père m'avait tant parlé d'elle et de la *Dolce Vita*... À l'époque, ce film obscur et magique se résumait pour moi à une chevelure blonde, lourdement serpentine, ainsi qu'au décolleté sauvage d'une robe éclatante de chair. Dans mes songes, Anita sortait de la fontaine grenadine et ses lèvres ouvertes comme un fruit se tendaient vers moi. Hélas, après deux bouteilles vidées maladroitement, une patrouille de carabiniers s'est approchée. Ils n'avaient certainement rien vu, mais sur le moment nous avons cru tous les deux qu'ils venaient pour nous. Vassili n'a pas eu plus de courage que moi, nous avons bondi et fui comme des criminels à travers les ruelles. Mon cœur battait à toute berzingue, Vassili avait les joues cramoisies. On ne s'est arrêtés qu'après dix minutes de course affolée. Parce qu'on était quand même déçus, on n'a pas multiplié les commentaires, lui et moi. « On le refera », j'ai dit. « *Certo* », il a répondu. Le plan avait échoué mais qu'importe, on avait transgressé l'ordre public. J'imaginais sans peine les carabiniers et les derniers badauds se lamenter devant l'absence de respect de la jeunesse, incapable de jeter à la poubelle deux bouteilles en plastique et laissant un sirop rosâtre ternir la plus belle fontaine du monde.

Avec Vassili, tout était un peu fou, rageur, tangent. Je me souviens de nos parties de skate sur les marches de la Piazza di Spagna. Je me souviens qu'on criait des gros mots en grec et en français aux Japonais qui se cachaient sous des ombrelles. Je lui avais parlé de mon père, des armes, du divorce. Il avait fait un doigt d'honneur magistral en beuglant : « *Vaffanculo!* » et j'avais ri. On déconnait pour oublier les cours et ce sentiment qui nous collait à la peau de ne pas être à notre place. Ensemble, on s'était inventé une zone de liberté.

Parce qu'il passait de temps en temps à Rome, mon père avait fini par acheter un appartement gigantesque à deux pas de la villa Médicis. Je crois surtout qu'il aimait l'élégance du quartier, les après-midi ensoleillés et les femmes moulées dans leurs robes haute couture. Il m'avait laissé les clés de chez lui avec l'accord de Maman, qui ne s'occupait plus vraiment de moi, accaparée qu'elle était par la reprise de ses études — elle qui avait toujours adoré l'histoire de l'art avait décidé de suivre des cours sur l'architecture — et surtout par son nouvel amoureux. Je restais à l'internat la semaine et généralement seul le week-end, sauf lorsque le garde du corps de Papa me tenait compagnie. Bodyguard, comme il l'appelait. Tous ses gardes du corps, il les appelle Bodyguard. Pas de nom. Des putains de fantômes. C'est même une clause dans leur contrat : si tu signes, tu deviens mon Kevin Costner. Bodyguard sera ton nom. Être au service de mon père, c'est devenir une chose.

Depuis mes quinze ans, j'organisais des fêtes, les plus grosses fêtes de Rome, l'orgie totale. Le lendemain, j'étais explosé, je dormais toute la journée. De la terrasse géante qui dominait la ville, le spectacle était fabuleux. Au milieu des toits et des flèches des églises s'élevait un drôle de monument en marbre blanc que les Italiens appellent « la machine à écrire ». Un palais, avec plein de colonnes et de statues. J'aimais voir s'agiter sous mes yeux le point névralgique de Rome, cette ville de laquelle tout partait, à laquelle tout revenait. Des siècles plus tôt, les clameurs de la plèbe s'élevaient du Colisée ; en tendant l'oreille, on pouvait encore percevoir l'écho des combats mortels. L'éternité romaine, avec son principe de continuité, me rassurait. Plus loin, c'était le Vatican, son délire chrétien, et plus loin encore, les collines. La vue sur Rome est l'une des plus belles choses que je connaisse. J'étais content d'en faire profiter mes amis.

Cette fête-là a tout gâché.

Le son montait des baffles et se déversait dans tout l'appartement, boum, boum, de la techno pure. Un épais nuage de cigarette et d'herbe flottait dans l'air ; des guirlandes lumineuses décoraient la terrasse, des filles se baignaient dans le jacuzzi extérieur, on dansait les yeux fermés, la tête dans le vague. Rome semblait danser avec nous. Les bouchons de champagne sautaient à intervalles réguliers, déclenchant des cris de joie. De plus en plus de copains arrivaient. J'avais laissé la porte ouverte, tout le monde pouvait entrer, à la fin je ne reconnaissais plus ceux qui venaient me saluer. Les sniffeurs de coke ne se cachaient plus, ils construisaient leurs lignes à même le parquet ou sur les tables basses. La vodka avait pris le relais du champagne. J'étais mort de rire. J'étais bien. Je roulais des pelles à des inconnues, j'avais envie de baiser. Mais j'ai fini par vomir dans la baignoire.

Quand je suis revenu au salon, je n'ai pas trouvé Vassili. Je lui avais demandé de surveiller l'appart' avec un autre de nos potes, Javier, un Argentin en pension lui aussi, et dont le père banquier se déplaçait toujours aux quatre coins du pays. C'était bizarre qu'ils ne soient plus là. J'ai senti l'angoisse m'étreindre. Toutes les images défilaient staccato, au rythme de la techno, des boules à facettes, de la lumière qui s'allume et s'éteint. Que des visages inconnus. Et mes copains, putain mes copains ! J'ai filé vers ma chambre... Un pressentiment.

Ils étaient bien là, tous les deux. Entourés de filles. Ils voulaient faire les malins. Vassili était noyé sous les cheveux blonds d'une nymphette. Javier faisait tourner quelque chose dans ses mains.

J'ai poussé un cri.

Mon flingue.

Le cadeau de mon père.

Quand j'avais découvert gamin le pistolet d'Himmler dans la fameuse vitrine de Mortagne, la tentation l'avait emporté. Je voulais me rapprocher de lui et retrouver un peu de la complicité qui nous avait unis lors du dîner chez Maxim's. J'avais remis l'étiquette mentionnant le nom d'Himmler sur le coussin rouge et, mû par une impulsion, avais glissé l'arme sous mon pull avant de la remonter dans ma chambre. En cachette. Je savais que je faisais quelque chose de mal. L'explosion n'avait pas tardé. En ne retrouvant pas son pistolet de collection, Papa était devenu fou. Je me souviens de ses cris et de ses menaces. J'étais un scélérat, un minable. Pas une seconde il n'avait soupçonné Bodyguard. C'était moi le responsable. Il ne s'était pas trompé. J'ai su plus tard que des caméras de surveillance avaient enregistré mes méfaits. Bien sûr, je lui avais rendu l'arme aussitôt, penaud, honteux, avec des excuses écrites. « Je suis désolé, Papa, j'ai trahi ta confiance. Pardon de t'avoir volé le pistolet. » J'étais petit, j'idolâtrais mon père. Je ne savais pas encore qui était Himmler.

Les années avaient passé et de l'eau avait coulé sous les ponts. À mes treize ans, lors de vacances à Mortagne, entre deux séjours romains, mon père m'avait ouvert son arsenal. Il était de bonne humeur cette fois-là. « Choisis. » J'avais pris un Remington. Au hasard. « Celui-là au moins, tu ne me le voleras pas », avait-il commenté. Même si je ne m'en servais pas, ce cadeau marquait pour moi un retour de la confiance de Papa ; je le conservais depuis dans ma table de chevet. Et voilà que, face à moi, Javier jouait avec pendant que les filles le regardaient, fascinées.

– Arrête ! j'ai hurlé. Arrête ! Il est...

Rien à faire, les éclats de rire couvraient ma voix. Vassili avait un air de caniche que je ne lui connaissais pas. Un mélange de fierté et de bêtise. Je lui avais confié que je gardais une arme dans ma table de nuit. Il avait trahi mon secret... Son regard moqueur m'a fait vriller.

J'ai voulu récupérer le flingue mais je me sentais flotter, comme engourdi. Javier continuait son manège, applaudi par Vassili. Les filles formaient un cordon autour d'eux. Quelqu'un a mis la musique plus fort dans le salon.

– Arrête, mec, j'ai répété, il est chargé.

Javier a fait mine de pointer le Remington vers moi. J'ai fait un pas pour l'arrêter, posé ma main sur la sienne. Au même moment il a voulu se lever. Je ne sais pas ce qui s'est passé, je lui ai arraché l'arme, je crois. Bang ! Le coup est parti. Ça a duré une demi-seconde mais dans ma tête, ce sera toujours une éternité.

Les hurlements ont torpillé l'air. Les filles sont sorties en courant. Je n'ai rien pu contrôler, toutes les images se sont brouillées. Dans l'appartement, ça criait de partout. Il n'y avait plus de musique. Il y avait juste un mec de quinze ans au sol. Ce mec, c'était mon ami, Vassili. J'ai sombré dans ses yeux effarés, ses pupilles dilatées. Je me suis penché sur lui. « Y a pas de trou, y a pas de trou ! j'ai crié. C'est bon, il n'a rien ! » Mais en levant son pull, j'ai vu. La première goutte de sang. De la forme d'une étoile. Et puis la tache qui s'élargit. Vassili a fermé les yeux, et sa bouche s'est ouverte comme celle d'un poisson mort.

Dans mon crâne, un verrou a sauté. Mon frère. Mon arme. Le gâchis, total.

J'ai bousculé Javier et me suis jeté sur Vassili. J'ai commencé à lui faire du bouche-à-bouche. En moi, j'entendais un long hurlement silencieux. Et puis j'ai réalisé tout ce qui se passait, j'étais dans cet appartement, avec des potes, pas un adulte autour de nous, et mon ami venait de se prendre une balle. J'avais encore le flingue dans la main. Coupable malgré moi ? Un accident ! Un sale accident, je vous jure.

– Les gars, tout ce que vous voulez, mais ça ne s'est pas passé chez mon père.

Je n'arrivais pas à dire autre chose.

– Ça ne s'est pas passé chez mon père.

J'ai caché le Remington encore chaud dans l'armoire. Quelqu'un a appelé les flics, l'ambulance. Javier et moi, on a porté Vassili jusqu'à l'ascenseur et on l'a déposé devant le bar au pied de l'immeuble. Tiens bon, mon frère, me lâche pas...

J'ai eu peur, j'ai eu tellement peur. Des flashs de Vassili me sont revenus. Mes confidences quand ça n'allait pas, ce qu'il me disait de son propre père pour me consoler du mien... Notre rébellion grenadine à douze ans... Nos cuites, nos soirées drague, nos nuits d'insomnie au pensionnat, ses projets pour l'avenir... Et là, en un quart de seconde, tout ça finirait peut-être en cendres. Je ne le reverrais plus jamais et il faudrait vivre avec ça. Avec ce poids. Comme Papa, comme tous les maudits, je détruisais ce que je touchais. J'étais inapte à la joie.

– Je veux pas qu'il crève, je veux pas qu'il crève !

Javier a baissé les yeux et m'a pris par l'épaule.

– Calme-toi mon pote. Tu pleures.

Je ne comprenais plus rien. Plus rien à part que j'étais la pire des merdes. À cause de ce flingue, j'allais perdre mon ami. J'étais si mal que, sur le coup, je n'en ai voulu ni à Javier ni à mon père. Paumé, j'étais.

Dehors je me suis mis à courir. Pour m'enfuir. Puis je suis revenu. L'ambulance était là, les secouristes s'activaient devant le bar. Sur le trottoir il y avait cette couverture dorée qui reflétait toutes les lumières, comme un miroir. Couverture de survie, le nom est bien trouvé. J'ai allumé clope sur clope. Les urgentistes ont dit que ses chances de survie étaient faibles. Ils l'ont emmené au bloc. Et puis, les carabiniers sont arrivés. J'ai flippé ! Oh comme j'ai flippé. L'un d'eux nous a demandé ce qui s'était passé. C'est Javier qui a répondu. Un mec qu'on ne connaissait pas, une racaille, lui avait tiré dessus parce qu'il voulait lui voler son téléphone. Les flics ont noté. Ils ont voulu savoir si je confirmais le témoignage. J'ai dit oui, la boule au ventre. Mais quand les flics ont parlé aux blondes qui avaient assisté à la scène, tout s'est effondré. L'un d'eux m'a menotté, pendant que l'autre est monté fouiller l'appartement. Ils ont trouvé le pistolet sous mes fringues dans l'armoire. Facile. Je n'avais pas eu le temps de bien le cacher. Les flics m'ont embarqué aussitôt. Javier n'a rien dit.

J'ai tenté de me défendre.

– Attendez... C'est pas mon flingue... ! C'est celui de mon père... C'est l'appartement de mon père aussi. Je suis mineur, moi... Appelez mon père, j'ai supplié.

Le commissariat de la Piazza di Spagna, près de la fontaine de Neptune, était sinistre. On m'a balancé dans une cellule qui empestait la pisse ; je me suis senti comme un chien, sale et triste.

Un peu plus tard, les carabiniers sont venus me hurler dessus.

– Ton ami, tu l'as tué si ça se trouve ! Tu comprends, ça ? *Ucciso !*

J'ai pensé à ma mère, j'avais besoin de ma mère. Besoin d'un câlin dans des bras tendres. Je n'étais pas un tueur. Elle pourrait leur dire, elle l'Italienne. « *Mio figlio* n'est pas un tueur. » Ce flingue, c'était mon père qui me l'avait offert. C'était sa faute à lui. Jamais je ne m'étais senti aussi seul.

Un gros type en costume a fini par se pointer devant moi et m'a serré la main.

– C'est ton avocat, m'a expliqué un flic. Tu pourras remercier ton père, c'est lui qui te l'envoie.

Je me suis étalé sur la table de la cellule, j'ai pleuré.

Le lendemain, le cliquetis de la serrure m'a réveillé. L'avocat était toujours là ; il me tendait un verre d'eau. Je l'ai trouvé aussi gros et laid que la première fois, mais il avait changé de costume. Sans ce détail, je n'aurais pas deviné que plusieurs heures s'étaient écoulées. L'avocat a souri. Il avait de bonnes nouvelles pour moi. Vassili avait été opéré plusieurs fois durant la nuit, la balle était passée à deux doigts du cœur, il aurait dû mourir mais les miracles existent. Il s'en sortirait, avec des séquelles sans doute, mais il s'en sortirait.

*

Plus tard dans la journée, les carabiniers m'ont apporté un sandwich.

– Le juge veut te garder au chaud encore un peu... On va te transférer en prison. Au moins tu auras un lit et une douche.

J'étais tellement fatigué que je n'ai pas réagi. La prison... Je me suis demandé si mes parents viendraient me voir. Je n'y croyais pas. J'ai bien fait. Pas une visite. Par chance, mon compagnon de cellule dormait tout le temps et m'a foutu une paix royale. J'ai découvert le pyjama de taulard, les douches communes, la ronde. Il faut bien le dire, j'ai pas aimé. L'avocat est passé plusieurs fois et au bout de trois jours, il m'a informé que j'allais voir le juge et que ça se passerait bien. C'est vrai que ça n'a pas traîné. Le juge a accepté de me remettre en liberté en échange de mes papiers d'identité. Certes j'étais mineur, mais j'étais responsable ; j'avais en ma possession une arme non déclarée. J'ai sursauté. Le Remington était un cadeau de mon père ! L'avocat est intervenu. « Votre père dément formellement cette version de l'histoire. » Quoi ? C'était impossible ! « Croyez-moi, ne vous acharnez pas en vain », a conclu l'avocat. Une lassitude immense s'est alors abattue sur moi. Que pouvais-je faire pour ma défense ? J'avais commis une faute, une faute grave même, qui me torturait moi aussi, mais cette faute, je la reconnaissais ; on ne pouvait pas en dire autant de mon père. J'ai enfoui mon visage dans mes mains, écœuré, épuisé. Il n'y aurait plus qu'à attendre le procès qui fixerait mon amende, évaluée d'après les dommages causés à Vassili. Le juge m'a demandé de nouveau mes papiers d'identité, qu'il me confisquait « provisoirement ». Assigné à résidence, j'étais ! Tout foutait le camp. J'ai regardé une dernière fois ma photo sur le passeport : l'image me semblait floue. Ce nom, ce visage d'enfant... Qui étais-je à part le fils Delval ? Un quasi-meurtrier... Un protagoniste de fait-divers. Un gars pas très recommandable, en tout cas.

Je suis sorti du bureau avec mon jogging dégueu et mes chaussures sans lacets pour éviter que je me suicide. L'avocat, lui, se trouvait bien beau avec sa cravate et sa montre en or.

– Ton père t'a aidé pour cette fois, mais il aimerait que tu te tiennes à carreau maintenant.

– Il m'a aidé ? Comment il m'a aidé ? En te payant une grosse Rolex, connard ?

J'étais au bord de l'implosion. Qui m'avait aidé ? Personne ! Ça faisait un an que je vivais dans une ville sans voir ni mon père ni ma mère. J'avais fait des erreurs, d'accord ! J'étais sur de mauvais rails, d'accord ! Mais cet embourbement terrible, ce n'était pas mon rêve, pas mon désir. J'avais navigué à vue, seul, désespérément seul. Les autres, ils pouvaient aller se faire foutre !

– Je t'interdis de me parler sur ce ton ! a crié l'avocat.

J'ai tourné le dos et l'ai laissé brailler dans la rue. Je suis parti vers la ville, loin du palais de justice et de son petit personnel pourri. J'ai tenté de joindre Javier. Le numéro n'était plus attribué. Salaud. Mes pas m'ont porté en bordure du Tibre. Je me suis assis sur un banc et j'ai pris mon courage à deux mains pour composer le numéro de la mère de Vassili. Lorsqu'elle a reconnu ma voix, elle a failli raccrocher : elle ne voulait pas me parler, plus personne ne voulait me parler. Je ne verrais plus jamais Vassili. J'étais un malade, un fou. J'allais devoir payer.

La tristesse de ces heures-là, je ne pourrai jamais la raconter. Comment avais-je pu en arriver là ? Chez Maxim's, j'avais tenu contre ma peau ce pistolet pour que mon père soit fier de moi. Il l'était. Et puis tout avait dégénéré. Je n'aurais jamais cru tomber aussi bas. C'était notre passion commune, les armes, notre trait d'union. Papa aurait dû m'alerter, m'apprendre. J'ai pensé alors un truc terrible : personne ne m'a jamais guidé, personne ne m'a jamais élevé. Je suis comme un terrain vague plein de mauvaises herbes — laissé à l'abandon.

En fin de journée, quelqu'un a sonné à l'appartement. Tout était encore dans l'état minable de la nuit dernière. Ça puait la mort, la détresse. On a sonné une seconde fois. Je ne voulais voir personne mais j'ai eu un pressentiment. J'ai ouvert la porte : il était là, grandiose, avec ses cheveux d'argent, le regard perçant. Il est entré sans un mot, a embrassé le salon du regard. Puis il a posé une main sur mon épaule.

– Tu m'as profondément déçu. L'appartement, c'est une honte. Tu vas laver tout ça.

Frappe chirurgicale, clinique.

Je n'ai pas eu le choix; j'ai nettoyé. Du sang, du vomi. Avec mon rouleau de sopalin.

Pendant trois semaines, je n'ai plus entendu parler de mon père; il me faisait garder par Bodyguard. Un jour il y aurait un procès, je le savais. Un jour, je devrais payer.

6

Encore une cigarette. Cet homme n'arrête pas. Clope sur clope. Serait-il pire que moi ? J'attends un peu pour lui redemander une de ses Vogue, bien que j'en meure d'envie. Il surprend mon regard, me tend son paquet avec un sourire. Je ne résiste pas, me laisse envahir par la fumée légèrement mentholée. Ça faisait longtemps que je ne m'étais pas senti aussi bien. Allégé. Tout ce que je lui ai raconté n'est plus en moi ; enfin si, les faits sont là, les regrets aussi, mais ils sont moins violents, moins lourds. Dans le silence qui nous enveloppe, je comprends une chose : c'est bon parfois de partager ce qu'on vit.

– Vous ne dites plus rien ?

– Non, dit-il.

– Pourquoi ?

– Je suis touché. Comment ne pas l'être ? Votre histoire est forte, Alex... Vous avez des nouvelles de Vassili ?

– Oui… J'en ai eu au moment du procès en tout cas… Je vous raconterai ça plus tard.

Vassili. Mon fardeau. Ma conscience.

– D'accord…, sa voix se noue. Et le pistolet d'Himmler… C'est vrai ?

Il doit lire la réponse dans mes yeux. Une ombre traverse son visage.

– Votre père est fasciné par le nazisme ?

– Je ne sais pas répondre à cette question, désolé.

Le vieux hausse les épaules et se lève brusquement. La magie du moment s'est évanouie.

– Je vais faire du café.

Il sort. Pour la première fois, je me retrouve seul dans cette pièce. Seul au milieu des livres, des tableaux, sur ce divan qui ressemble à un gros chat. Malaise. Autour de moi, tout redevient étranger. J'ai besoin de me raccrocher à quelque chose et, mécaniquement, je cherche mon portable. Depuis tout ce temps je l'avais complètement oublié ce putain de téléphone, alors que je passe ma vie dessus. L'écran est cassé mais par chance, il reste encore un peu de batterie. Luc m'a envoyé plusieurs messages d'insultes, pas besoin de les lire jusqu'au bout, je sais ce qu'il me reproche, je sais ce qu'il pense de moi. Il a eu la peur de sa vie. Il me traite de « taré », de « pauvre mec », de « criminel » même. Il se trompe. Je n'aurais pas tiré. Pas vraiment. Tout ça, c'était du cinéma, ce n'était qu'une scène, la répétition de *notre* scène, celle que je ne jouerai jamais pour de bon car demain, quand j'aurai Frédéric Werner au téléphone, je lui dirai désolé mec, c'est non, je ne ferai pas l'acteur… Je ne peux pas. Parce que mon père sera toujours le seul, l'unique. Lui qui dit qu'il n'est pas comédien, qu'il n'a jamais joué, qu'il a toujours vécu ses rôles, qu'un acteur est un imprévu, que sa vie est un imprévu… « Tout ce que j'ai fait au cinéma, je l'ai éprouvé dans ma chair », voilà sa grande phrase… Qu'est-ce que je fais de ça, moi ? Suis-je aussi un imprévu ? Y a-t-il une formule magique pour vivre ce qu'on joue et ne pas jouer ce qu'on vit ?

Une drôle de tristesse m'envahit soudain et sature mon cœur ; un nouveau vertige. C'est la faute de ce vieux… De ce psy qui me fait remuer la merde… ! Je ne connais même pas son nom. Je me redresse et jette un œil autour de moi. Au-dessus du bureau, un diplôme dans un cadre bleu.

« Georges Apelfeld, docteur en médecine. »

Georges Apelfeld. Bon.

À peine ai-je tapé son nom sur mon Smartphone qu'une longue notice Wikipédia s'affiche.

Georges Apelfeld est un célèbre psychiatre et psychanalyste français, né à Marseille le 22 mars 1958.

Biographie

Le père de Georges Apelfeld, David, est l'unique survivant d'une famille déportée à Auschwitz. Il doit son salut à une opération de l'appendicite qui l'a tenu éloigné de la rafle du Vél' d'Hiv. Il a été élevé par sa grand-mère à

Marseille et est devenu avocat. En 1955, il épouse Erika Cohen, juive elle aussi. Leur fils Georges naît le 22 mars 1958. Rattrapé par ses démons, David se suicide en 1975 d'une balle dans la tête. Erika change alors de nom et se convertit au catholicisme.

Brillant élève, bachelier à seize ans, Georges Apelfeld décide de se lancer dans des études de médecine et devient psychiatre. Marqué par le drame du suicide paternel, il fonde en 1980 la Société de psychiatrie réparatrice qui lui vaut de nombreuses distinctions au niveau européen.

Auteur de plusieurs ouvrages et invité régulier des médias, il a mis au point une méthode qui privilégie l'accompagnement individualisé des patients plutôt que les traitements chimiques lourds.

S'ensuit une liste de prix obtenus dans des travaux de recherches, l'énumération de ses best-sellers, des liens vers ses émissions de radio et de télé... C'est à se demander si je suis le seul en France à ne pas le connaître.

Une dernière rubrique intitulée « Médiatisation » retient mon attention. Elle reprend un extrait d'interview :

L'Express. *Georges Apelfeld, votre méthode de psychiatrie réparatrice puise dans notre rapport à l'enfance et à nos désirs fondateurs. Quel était votre rêve, enfant ?*

Georges Apelfeld. *Devenir l'homme invisible ! Voir et comprendre tout ce qui se passe sans jamais être repéré.*

L'Express. *Est-ce une définition du psychiatre ?*

Georges Apelfeld. *Du psychanalyste, plutôt...*

L'Express. *Si vous n'aviez pas été psychiatre et psychanalyste, que seriez-vous devenu ?*

Georges Apelfeld. *Je ne sais pas. Rien sans doute.*

L'Express. *Avez-vous des regrets ?*

Georges Apelfeld. *Ne pas avoir le physique d'Alexandre Delval ! Cela aurait facilité mes rapports avec les femmes... À la quarantaine, vous savez, on doute de tout, et surtout de soi.*

L'Express, *février 1999.*

En découvrant ces mots, je ne peux m'empêcher d'éclater de rire. Le brave Apelfeld aurait voulu jouer les don Juans ! Séduire comme un Delval ! Une caricature ! C'est si évident, si attendu. Tu parles de beauté ? Tu cites Alexandre Delval. Aucune imagination ! Ce type qui joue les intellos, regard profond et moue aux lèvres, ne vaut pas mieux que nous tous : son vrai désir, c'est d'emballer, point. Je me demande ce que Diane aurait pensé de tout ça.

– Tout va bien ?

Sa voix transperce le mur de la cuisine. J'imagine qu'il m'a entendu rire. Je range mon portable.

– Oui, tout va bien... *Georges.*

J'appuie sur son nom. Il revient aussitôt dans le salon, dépose les cafés fumants sur le bureau en me lançant un drôle d'air.

– Comment connaissez-vous mon nom ?

– T'inquiète, Georges ! J'ai des trucs à te raconter, tu vas rigoler.

– Je ne crois pas vous avoir invité à me tutoyer.

Je vois qu'il tremble un peu en m'offrant la tasse. Il se rassoit. Ses joues sont molles, affaissées, ses paupières lui tombent sur les yeux.

C'est sûr, t'as pas le physique d'un Delval, j'ai pensé.

*

C'est un week-end pluvieux à Mortagne, qui ferait presque oublier le mois de mai. Un an avant le drame de Vassili. J'ai quatorze ans et ne vois plus beaucoup ma mère qui s'est trouvé une nouvelle conquête. Un Russe, nouveau riche comme il se doit, installé à Nice depuis des années. Papa me fait convoquer au salon par Bodyguard. Je n'aime pas ça. Sur les murs, une galerie de photos le représente sur scène ou pendant ses tournages. Il ne m'entend pas tout de suite. Gaston ronronne sur ses genoux. Il lui gratte le cou, les pattes, et lui parle comme à un débile.

Je me racle la gorge. Avec délicatesse, il dépose le chat par terre et fait un geste de la main pour que je m'asseye. Tout change instantanément. Alors que je m'enfonce dans le fauteuil, lui se redresse de toute sa splendeur. Son ombre sur moi m'en apprend plus que toutes les tirades du monde. Je comprends tout de suite. Il sait. Le nouveau mec de ma mère. Le Russe. Il est au courant. Non, c'est bien pire que ça. Il sait quelque chose que je ne sais pas encore...

– Ta mère se remarie. Tu étais au courant ? Elle se remarie avec ce sale enculé.

Je reste bouche bée. Non, je n'étais pas au courant. La dernière fois que je les ai vus, maman et lui, ils ne m'ont rien dit.

Papa arpente le salon comme un fou dans son peignoir de soie. Il fume avec rage. Ses yeux noirs se sont allumés d'un feu inquiétant.

– Ne me mens pas. Je sais quand tu mens.

– Mais papa...

– Ferme ta gueule quand ton père parle ! crie-t-il. Je te préviens : si tu vas à ce mariage, tu n'es plus mon fils. Je te renie. Je te déshérite. Je t'interdis d'y aller, tu m'entends ?

– Mais papa, c'est maman quand même...

Il balance un grand coup de pied dans une chaise. Un sourire mauvais lui barre le visage.

– Justement. La prochaine fois que tu iras chez elle, tu le prendras entre quatre yeux, ce connard. Tu lui diras que tu n'iras pas à son mariage parce que tu es un Delval et que lui n'est qu'une sale merde de juif.

– Jamais de la vie, c'est mort ! Je veux pas faire...

Une baffe me coupe aussitôt. Pétrifié, je vois mon père continuer comme si de rien n'était et attraper son portable.

– Bodyguard, fais revenir l'hélico. On a fini. Tu emmènes Alexandre à Nice. Il doit parler à son beau-père.

Deux heures plus tard, l'hélicoptère se pose à Nice. Il fait déjà trop chaud. Le crissement des cigales est insupportable. Je me sens porté par une violence. Porté par mon père. La grosse BMW à vitres teintées de Zakhar Aronoff m'attend. C'est Igor qui conduit, son chauffeur depuis des années, un ancien prisonnier politique, ami d'enfance si j'ai bien compris.

Nous traversons la promenade des Anglais, noire de monde. Gentiment, Igor me pose des questions. Si tout se passe bien à l'école, si j'ai une petite copine, comment va mon père. Je m'amuse à répondre comme si tout était normal.

Au terme d'une interminable montée, nous parvenons à la villa de mon beau-père, un bâtiment ocre pris dans le ciel et qui domine toute la baie.

Zakhar n'est pas encore rentré. «*Business*», m'explique Igor avec son accent russe. Il m'aide à porter ma valise dans ma chambre, dont le balcon donne sur la grande bleue, et m'apporte une orange pressée. Je ne tiens pas en place. Je redescends à la piscine piquer une tête et enchaîne les longueurs. L'eau m'apaise. En sortant, je m'allonge dans un transat au soleil et m'assoupis quelques instants.

C'est une main large et blanche qui me réveille. Zakhar porte une chemise noire ouverte sur un ventre trop gras. Son épaisse barbe cache un peu son visage mais pas son grand sourire. Il arbore à quarante ans une chevelure encore très fournie. Mais ce qui frappe le plus chez lui, ce sont les poches sous ses yeux... Zakhar Aronoff, c'est le genre de mec qui a tellement d'argent et de travail qu'il en oublie de dormir. Des années d'insomnie au compteur. Il porte ses Weston sans chaussettes, j'aime bien.

– Maman n'est pas là ? dis-je en guise de bonjour.

– Pas encore. Elle a un cours d'architecture à la fac. Elle sera là en fin d'après-midi. Comment vas-tu, Alex ?

Pour toute réponse, je lui jette un regard noir en enfilant un tee-shirt sur mon maillot de bain.

– Qu'est-ce qui se passe ? insiste Zakhar.

– Rien.

– Tu es sûr ? Tu as un problème avec ta copine, c'est ça ?

Ma copine du moment, elle s'appelle Élise, ou Jeanne, ou Maria, selon les jours et l'humeur. Ce n'est pas ça, le problème. Plus il insiste, plus les mots de mon père s'agitent sous mon crâne. « Tu lui diras... » Garder le silence est impossible. « Sinon je te renie... » La colère bout en moi et voilà que la phrase m'échappe sans que je la contrôle. Elle contraste avec ma voix qui n'a pas encore complètement mué :

– Alors comme ça tu vas épouser ma mère, espèce de connard ?

Zakhar fronce les sourcils et s'apprête à répliquer ; je ne lui en laisse pas le temps.

– Je n'irai pas à votre mariage d'enculés. Sérieusement, toi tu vas épouser ma mère ? Mais tu t'es vu avec tes bagouzes et ta chaîne en or ?

– Alex !

– Sale traître, sale *Feuj* de merde !

À ces mots, le regard de Zakhar se durcit. Il congédie d'un geste le domestique qui venait nous apporter des fruits de mer; sa main très ferme se pose sur mon épaule.

– Viens avec moi. On va s'asseoir autour de la table. On va se parler.

Étonnamment, sa voix ne laisse pas transparaître de haine et cette maîtrise m'impressionne. Instantanément. Sa main sur mon épaule, c'est comme une écorce d'arbre sur ma peau.

Il me sert un grand verre d'eau. Rien ne s'agite chez lui, rien ne bouge. Il ne crie pas. Ne frappe pas. Ses rides ont quelque chose de rassurant. Je suis gêné. Son attitude ne colle pas avec mes insultes.

– « Sale traître. Sale *Feuj* de merde. » Vraiment, Alexandre ? À ce compte-là, tu peux dire *Juif*... Enfin, pourquoi tu me parles comme ça ? Tu sais que c'est grave. Tu sais ce qu'a vécu ma famille dans les camps. Ça n'est pas ton langage, ça. Parce que toi, tu es un garçon *intelligent*.

À ce mot, je me sens rougir violemment. Sa main se fait plus forte sur mon épaule.

– C'est ton père qui t'a chargé de me passer ce message ?

Comment expliquer ce que j'ai ressenti à cet instant ? Une déferlante. D'un côté le besoin de rester fidèle à mon père — la loyauté, valeur suprême dans mon code de l'honneur ; de l'autre la prise de conscience de ma volonté, de mon propre être. Ras-le-bol d'être une marionnette aux mains des autres. Je ne pensais pas ces mots-là, Zakhar avait raison. Alors j'ai tout lâché. La colère de mon père, sa jalousie, moi au milieu. Je ne pouvais pas aller contre sa fureur. J'étais déchiré.

– Je comprends, m'a-t-il dit. Il ne supporte pas que ta mère refasse sa vie avec un autre. Ça le fait souffrir. Mais je ne crois pas qu'il mesure la violence de ses propos. Dans tous les cas, toi, tu n'y es pour rien. Laisse couler. Ce sont des histoires d'adultes. Tu comprends ?

Les histoires d'adultes commençaient à me peser. Elles détruisaient ma confiance : celle qu'il me fallait accorder aux autres, celle que je devais garder en moi. On m'instrumentalisait sans cesse. Ma mère contre mon père ; mon père contre ma mère. Pourquoi faire des enfants si la finalité est de les rendre malheureux ? Je subissais cet écartèlement sans comprendre. Ou alors je ne comprenais que trop. J'allais devoir prendre en main mon destin. La lucidité serait mon guide. Ne pas être dupe, de rien ni de personne, jamais. Ce petit jeu-là était sinistre ? C'était de bonne guerre. Chacun cherchait, égoïstement, à tirer profit de la situation. Finalement, je comprenais très bien... Cette scène avec Zakhar marquerait une étape, je le sentais. Un petit pas vers l'émancipation. Mon chemin, mes idées, ma vision, c'était à moi de les construire. Les ressources profondes, je les trouverais en moi et en moi seul.

J'ai souri à Zakhar, me suis excusé. Nous n'avons plus jamais parlé de l'épisode. Mais je n'ai pas assisté au mariage.

*

– Je peux vous reprendre une cigarette ?

– Oui, bien sûr.

Cette fois, impossible de me retenir :

– Pourquoi vous fumez des clopes de tarlouze ?

Un large sourire lui étire les lèvres.

– *Tarlouze ?* C'est amusant que vous me posiez cette question juste après avoir parlé de votre beau-père. Une tarlouze, ce n'est pas un homme, n'est-ce pas ? Mais pour vous c'est quoi, être un homme ? Fumer des gitanes sans filtre ?

– Excusez-moi, je ne voulais pas dire ça... C'est juste que vous êtes le premier mec que je vois fumer ça...

J'allume la Vogue et aspire une bouffée.

– ... Mais c'est vrai que je ne sais pas ce que ça veut dire, être un homme. Un père... Je sais juste ce que j'aimerais que ce soit. Quelqu'un qui protège, qui rassure, qui soit responsable...

– Qui incarne une forme d'engagement, peut-être...

– Oui c'est ça, pas forcément quelqu'un de parfait, mais qui soit engagé à mes côtés... Quelqu'un à qui je pourrais demander : qu'est-ce que je fais maintenant ? Toi qui as vécu tant de choses, que ferais-tu à ma place ? Et qui me répondrait avec bienveillance. Quelqu'un que je puisse critiquer, attaquer, mais qui tienne la route. Quelqu'un qui n'ait pas peur d'avancer malgré les merdes de l'existence, quelqu'un dont je sentirais dans le regard qu'il m'imagine dans des temps meilleurs et qui m'assurerait que je vais réussir, aimer, grandir, être heureux. Quelqu'un qui me parle des femmes, quelqu'un qui se respecte et me respecte. Quelqu'un qui sache que, dans le fond, je ne suis pas mauvais.

– Votre père n'a jamais été cet homme-là pour vous ?

Je ricane.

– Jamais, Georges.

Mais en disant cela, j'ai l'impression de mentir. Parce que des souvenirs heureux, j'en ai. Pas beaucoup mais quand même. Des souvenirs magnifiques, éclatants, que lui, Georges Apelfeld, n'aura jamais vécus avec son suicidé de père.

7

Je n'ai jamais entendu un bruit pareil; c'est une longue et permanente vibration. Bam. Bam. Bam.

Des cris, des mains qui claquent au loin.

Bam. Bam.

C'est comme le cœur du monde qui bat à l'unisson.

Sa voiture noire aux vitres teintées est venue nous chercher à Mortagne. À son habitude, Papa a peu parlé sur le trajet. Son chauffeur me souriait dans le rétroviseur. Je devais avoir l'air d'un petit garçon timide.

À quelques minutes de notre arrivée, cinq autres voitures noires, tout à fait identiques à la nôtre, nous ont rejoints. Papa faisait toujours ça pour qu'on ne sache pas dans laquelle il se trouvait.

À l'approche du théâtre, juste avant le parking, des hordes de fans se sont jetées sur les voitures, lançant des roses, des cadeaux, pleurant ou criant. Papa téléphonait. Juste avant de disparaître dans le parking, il a ouvert une fenêtre et tendu une main à ses admiratrices.

Puis il y a eu le long dédale de couloirs. Des sous-sols on parvenait à la loge de Papa. C'était un véritable appartement avec café, corbeilles de fruits, canapés, studio de répétition, écrans géants, baignoire. Des musiciens l'attendaient. Toute l'équipe l'attendait. Une heure de retard. Qu'importe.

– On va tout t'expliquer, m'a-t-il dit en me laissant entre les mains d'une assistante.

Elle a pris le temps. Tout était orchestré au millimètre près. Elle m'a fait répéter pour s'assurer que j'avais tout bien compris. Les enfants ne sont pas des idiots. J'avais tout compris. Mon cœur bondissait de joie et d'excitation. J'ai demandé à voir Papa une dernière fois avant qu'il monte sur scène. Pour l'embrasser, lui souhaiter bonne chance, enfin pas « bonne chance » mais « merde », c'est le mot des artistes, et j'aimais ça lancer un juron sans être disputé. L'assistante m'a caressé la joue. Je ne pouvais pas. C'était interdit. Papa devait se concentrer. On allait le maquiller, l'aider à enfiler son costume. Il jouait le rôle d'un roi dans une pièce célèbre. Les gens avaient fait des kilomètres pour le voir sur scène. J'ai répondu : « D'accord. Ce sera encore mieux après comme ça. » Les gens dans la loge m'ont regardé avec tendresse. « Il est si mignon », a soupiré l'assistante. Gentiment, j'ai patienté quatre heures dans la loge, en jouant à la Playstation et en mangeant du chocolat.

Bam, bam.

Mon plus beau souvenir d'enfance, peut-être.

Le dernier moment de grâce avant que tout ne s'effondre.

Bam, bam.

Soudain, on m'habille, on me coiffe, on m'embrasse. On a cette déférence à mon endroit, celle réservée aux « enfants de », dont on se fout en réalité mais qui sont des faire-valoir — les gamins pourront toujours dire à la star que le personnel a été à la hauteur.

Bam, bam.

La joie monte en moi.

Sa voix emplit la loge. Et quelle voix. Sur l'écran gigantesque, Papa salue le public, une main sur le cœur. Quand la lumière éclaire son visage, j'en ai les larmes aux yeux. Si puissant, si impressionnant. C'est une certitude, mon père à moi ne mourra jamais, il les dépasse tous, c'est le plus grand, et que personne ne me dise le contraire.

À vingt-deux heures on me pousse dans le couloir.

Bam, bam.

Des escaliers et des escaliers. Mes jambes qui tremblent. Dans la coulisse, la régisseuse pose ses mains sur moi. « Encore une seconde. » La clameur est magique, fascinante. Bam, bam. Le public crie des mots que je ne comprends pas. Je vais m'évanouir. « Allez, c'est à toi ! » Je retiens ma respiration — bam bam, fait mon cœur en écho —, et j'avance vers mon père, immense au milieu de la scène.

Alors leurs regards, alors leur amour. Des milliers de personnes. Et quelque part ma mère. Face à moi.

La lumière.

Mon père m'attrape et me fait tourner dans ses bras. Sur scène.

Puis il chante. « Joyeux anniversaire ! »

Pendant deux heures, il a tout donné à son personnage. Il s'est glissé dans la peau d'un roi. Et me voilà sur les planches avec lui. C'est tellement mieux que l'Élysée, tellement plus beau que le fauteuil du président, que Papa m'avait promis sur la route de chez Maxim's, quelques jours plus tôt.

Ce soir j'ai onze ans. J'ignore encore ce que le futur me réserve, le grand chaos à venir, le départ de Maman ; je suis pleinement heureux. Mes yeux piquent. La foule chante et c'est si fort que ça résonne encore dans ma tête.

Ça applaudit, ça applaudit.

Je sens le cœur de Papa tambouriner contre le mien.

Nous montons sur la tourelle du décor, nous les saluons.

Papa s'approche de mon oreille, étend ses bras tel César sur Rome.

– Un jour ils crieront pour toi. N'oublie pas que je t'aime.

8

Par la fenêtre ouverte je contemple la beauté.

Georges est parti refaire du café. Je tiens enfin sur mes jambes.

La nuit avance sur Paris. Quatre heures du matin. Cette ville n'est plus vraiment la mienne ; je la redécouvre. À gauche on devine la tour Eiffel plongée dans le noir ; à ma droite la Seine coule, inlassablement, et la pleine lune vient y planter sa tête. J'entends les murmures des quelques cafés alentour encore ouverts et la musique d'un bar, peut-être d'un appartement. Paris est la plus belle maîtresse qui soit. Rome, ma légitime, est éternelle. Mais Rome est crasseuse. Paris et ses lumières ont pour moi la couleur des rêves. En tournant la tête ce sont les Invalides et leur dôme doré qui s'offrent à moi et, encore plus loin, la tour Montparnasse. Les grands arbres du Champ-de-Mars, presque blancs sous la lumière électrique, sont encore parés de leurs feuilles ; dans quelques semaines elles commenceront à tomber. Ce sera l'automne. Je ne verrai pas cette saison. Je ne supporte pas l'automne.

J'entends des bruits de vaisselle dans la cuisine. Georges est lent, un peu maladroit, il peste contre la machine. On finit par parler aux objets à force de solitude. Certains fous conversent paraît-il avec leur pichet d'eau, leur chaise, leur bidet. Lui ne l'est pas, fou, mais sait-on jamais ? Surtout avec ce qu'il a vécu enfant. Sans parler du choix de la psychiatrie... J'aimerais qu'il me parle de son père, qu'on rééquilibre les confessions... Qu'est-ce que ça fait d'avoir un père qui se suicide ? Comment a-t-il surmonté ça ? À sa place, j'ignore totalement comment j'aurais réagi. Mais est-ce que j'ai vraiment eu un père, moi ? Je suis en boucle sur ces questions. Et comme chaque fois que l'angoisse revient, je ressens l'envie de répondre à l'appel de la nuit. C'est si simple, un coup de fil à deux, trois connaissances et je pars me perdre à nouveau.

Les comptoirs de la rue de la Soif, les boîtes de nuit des grands boulevards, les bars. Envie de baiser, de boire. Faire un doigt d'honneur à la solitude. Au choix que je dois faire. Accepter ce rôle ou pas. Devenir acteur ou pas. La montre tourne, le soleil chauffera bientôt le bitume. J'imagine déjà Werner au bout du fil, mon contrat posé sous ses yeux. « Alors, c'est oui ? » Peut-être pas, j'en sais rien. Je sors mon téléphone et fais défiler mon répertoire. « A. D. » Je n'ai pas mis « Papa » comme nom. Il faudrait appuyer sur la touche. Lui parler. Lui expliquer. Et s'il dort ? Ne rien lui dire plutôt. Mais comment réagira-t-il si j'accepte le rôle sans lui en parler? Refuser alors?... Il aurait tellement pu m'aider... Tant pis! À moi de décider à présent. De m'affirmer. Diane n'aurait pas hésité, elle. «Tu fonces, Alex, tu crois en toi, tu écoutes ton instinct.» Elle fera une avocate merveilleuse.

À cette pensée, une boule vient se reformer dans ma gorge. Je n'ai plus rien dans le sang, il n'y a que ce face-à-face entre moi et moi-même. Plus de paradis artificiels où fuir. Ma vie m'apparaît dans toute son absurdité. Qu'est-ce que je fiche depuis des heures, enfermé dans cette pièce avec Georges Apelfeld, fondateur de la Société de psychiatrie réparatrice, enfant de suicidé et héros des nuits parisiennes? À lui raconter ma vie? Dans le fond, le vieux a eu ce qu'il voulait. Il connaît maintenant les secrets de son idole, le grand Alexandre Delval, auquel il aurait tellement aimé ressembler... Si je n'avais pas été le «fils de», il aurait appelé les flics, j'en suis sûr. C'est toujours comme ça. Je suis une ombre. Il a beau prétendre qu'il ne savait pas qui j'étais quand il m'a vu avec Luc sur les quais, je ne le crois pas. Il a forcément reconnu *l'autre* en moi. C'est pour ça qu'il m'a aidé. Pour lui, pas pour moi. Quand est-ce que ça va s'arrêter, tout ça! Est-ce qu'il faut que je disparaisse pour commencer à exister, que je change d'identité, de nom, de visage, de continent?

– Vous vous impatientiez?

Georges est là avec son plateau de café, souriant. On dirait un serveur. Vieux pingouin. Je le dévisage, tout se mêle dans ma tête. Le psy, le père, Luc, Werner, la came, l'alcool... Son rictus et son ton paternel me rendent dingue, soudain. La colère monte en moi, la mauvaise, celle que je n'arrive pas toujours à endiguer.

– Vous vous êtes bien foutu de ma gueule, vous...

– Pardon ? Mais qu'est-ce qui vous prend ?...

– Pourquoi vous m'avez fait monter ici, hein ? Parce que vous saviez que j'étais le petit Delval, c'est tout ! Vous m'avez reconnu, tel père, tel fils, pas vrai ?

Il pose le plateau et lève une main en signe d'apaisement. On dirait un de ces Apaches de bande dessinée qui préparent le calumet de la paix.

– Vous avez raison, Alex. Tel père, tel fils. Vous êtes aussi impulsifs l'un que l'autre !

Je ne m'attendais pas à cette pique. Ma colère retombe un peu.

– Sur le quai tout à l'heure, je suis intervenu pour sauver deux gamins qui allaient faire une belle connerie. Fils de star, acteurs ou clodos, ma réaction aurait été la même ! Le monde ne tourne pas autour du nombril d'Alexandre Delval, vous savez !

J'encaisse.

– Maintenant, si la question est : « Est-ce que vous ressemblez à votre père ? », la réponse est oui. C'est ainsi. Comme tout le monde, j'ai vu ses films, je l'ai admiré, j'ai envié sa beauté. Vous avez la même. C'est une chance d'être aussi beau, croyez-moi.

Je retrouve à nouveau le vieux Georges, l'homme aux mocassins blancs et au costume froissé. Celui qui s'est construit sur des ruines et qui a pris le temps de m'écouter, avec une vraie gentillesse. Mais c'est plus fort que moi, un mauvais diable me pousse encore à le chercher.

– C'est sûr que toi, avec ton physique, tu risques pas l'émeute !

À peine ai-je prononcé ces mots que ses traits se figent. Ses lèvres déjà fines disparaissent totalement à l'intérieur de sa bouche ; ses yeux s'éteignent. J'ai été trop loin.

– C'est la deuxième fois que vous me tutoyez sans mon autorisation. Je ne suis pas votre ami.

La barrière. D'un coup. Et cette phrase qui fait mal. « Je ne suis pas votre ami. » Je regrette déjà mes paroles, mais comme souvent quand je déraille, je m'enfonce et poursuis sur ma lancée.

– Ça va, on peut rigoler, hein ! Alors quoi, Georges... T'as du mal à *pécho* ?

Ses yeux clairs se plantent dans les miens, ils pourraient me faire avouer ma bêtise mais la seule chose que j'y lis, c'est de la tristesse. Un malaise profond m'envahit. Je suis en train de tout gâcher. C'est toujours comme ça. La spécialité familiale. Gâter les belles choses. Je tente une dernière sortie, la voix radoucie :

– Pardon. Je me suis emporté... Je voulais dire... Vous avez une copine, enfin, une compagne ?

– J'avais compris.

Il hausse les épaules.

– Ton nom et ta beauté ne te donnent aucun droit sur les autres, Alex.

– Non, je sais, mais...

– Certains ont pu faire leur miel de tes malheurs, un jour, reprend-il d'une voix implacable. En agissant ainsi, ils ont montré leur médiocrité. Tâche de ne pas leur ressembler. Le seul modèle que tu dois te fixer, c'est toi-même pleinement accompli.

Touché. Coulé.

– Pardon...

– La méchanceté ne te va pas, Alex. Elle t'appauvrit.

– Pardon.

Georges se penche à la fenêtre. Je me sens pitoyable, maladroit, encombré par mes paroles jetées pour blesser. Je regrette terriblement. C'est étrange comme les mots de haine viennent facilement à la bouche, quand ceux destinés à guérir ou apaiser restent bloqués sous le cœur.

– Bien sûr que j'ai connu l'amour, si c'est ça ta question, poursuit Georges dans un souffle. Mais ma femme m'a quitté, voilà. Ça fait des années, et tu vois, je ne m'en suis toujours pas remis.

Dans sa voix, je reconnais la fêlure. La fragilité. Ses yeux se mettent à briller bizarrement et la peine soudain m'envahit. La blondeur de Diane, son rire cristallin et son petit cul ferme me transpercent la mémoire. On a peut-être quarante ans d'écart, Georges et moi, mais on se retrouve tous les deux comme deux cons plantés par la femme qu'on aimait le plus au monde.

– Je suis désolé, Georges. Vraiment.

Il a un petit geste de la main agacé.

– Réveillez-vous, Alex ! Ça fait partie de votre histoire d'être le fils d'Alexandre Delval. Vous portez le même nom que lui, en plus. Tant que vous ne ferez pas avec, vous ne deviendrez pas vous-même. Pour autant vous n'êtes pas obligé de tout casser. Exprimez-vous, plutôt ! Allez-y, dites-moi ce qui vous passe par la tête ! Lâchez les chevaux !

Ces mots désamorcent le détonateur en moi. Je me rassois sur le divan. Plus aucune envie de crier, encore moins de m'en prendre à lui. Plutôt de lui tendre la main. J'aurais bien aimé qu'il me considère comme son ami.

– Les psys, on les croit supérieurs, je commence. Ils prennent les choses avec de la hauteur, ils sont dans l'analyse, la réflexion... Alors que dans le fond, ils sont hyperfragiles.

Pour la première fois, ses yeux se sont écarquillés et il s'est étranglé, comme si nos rôles s'inversaient.

– Que voulez-vous dire ?

– Personne ne devient psy par hasard. C'est trop un métier de taré. Un peu comme acteur, en fait.

*

C'était ma mère qui avait eu l'idée. J'ai reconnu tout de suite sa voix chantante au téléphone. Cela faisait combien de temps que je ne lui avais pas parlé ? Un an, un an et demi ? Elle s'inquiétait pour moi. La bonne rigolade ! Elle n'était pas venue me voir une seule fois à Rome pendant mon assignation à résidence, suite à l'affaire Vassili. Dès que les juges m'avaient donné l'autorisation de quitter l'Italie, j'avais naturellement fui à Paris où mon père possédait un immeuble. Et maintenant, ma mère s'inquiétait pour moi. Elle m'avait pris rendez-vous chez une psychiatre très réputée du 16e arrondissement, avenue Foch. Le docteur Bertin. Il est vrai que j'étais mal, affaibli. Les derniers mois à Rome m'avaient détruit. L'attente du procès, dont la date n'était toujours pas fixée, m'avait poussé à faire n'importe quoi. Mais l'hôpital qui se fout de la charité, ça coinçait un peu. J'ai dit à ma mère d'aller se faire foutre et j'ai raccroché.

Le lendemain, Papa, qui avait dû recevoir un coup de fil de ma mère, a fait appeler ses gardes du corps parisiens. Je ne voulais pas bouger. Ils m'ont sorti du lit, collé sous la douche. Je puais. Je n'étais plus qu'une chose. Pire qu'un animal. Quand j'ai retrouvé mon odeur naturelle ils m'ont tendu une chemise, un jean, des baskets, puis nous sommes descendus vers le parking où une Mercedes nous attendait. J'ai comaté jusqu'à ce qu'on s'arrête devant un grand immeuble bourgeois avec balcons en fer forgé et façade sculptée. Pas un café, pas un supermarché à la ronde. Les deux gardes du corps m'ont poussé dans l'ascenseur et conduit à une porte sur laquelle une plaque affichait en lettres d'or le nom du docteur Bertin.

– On t'attend là.

Son cabinet se trouvait au dernier étage. Tout ici respirait l'argent. Les tapis parfaitement aspirés, l'odeur d'ambre, la musique d'ambiance, les tableaux modernes au mur. La porte ouverte donnait sur une salle d'attente qui ressemblait davantage à un showroom avec ses canapés en cuir, sa machine à café en libre-service et sa vue sur l'Arc de triomphe. La radio était branchée sur FIP. J'ai fermé les yeux, je me suis assoupi.

Le docteur Bertin est venue me chercher à l'heure précise du rendez-vous. Son cabinet dénotait avec le reste de l'immeuble. Il n'y avait qu'un bureau de bois, un divan bleu et un fauteuil club havane. Elle me l'a montré de la main. Je me suis assis.

C'était une blonde d'une cinquantaine d'années aux joues creuses. Quand elle souriait, elle découvrait des dents de guingois un peu jaunes.

– C'est votre mère qui m'a appelée. Mais vous êtes au courant, je crois.

– Ouais.

– Alors, comment vous sentez-vous ?

Je ne voulais pas lui parler et pourtant j'ai tout balancé. Ma descente aux enfers, le sentiment d'abandon, mes relations compliquées avec les filles. Au bout de quarante-cinq minutes elle m'a arrêté pour me dire qu'elle comprenait ce que je vivais.

– C'est très dur, tout ça. Vous êtes courageux. On continuera la semaine prochaine. Même jour, même heure.

Puis elle m'a fait une ordonnance pour des médicaments. Plein de trucs en « il » que vous devez connaître : Rivotril, Lexomil... Quand je suis sorti de l'immeuble, les gardes du corps sur les talons, je me sentais un peu mieux. Je ne pouvais pas deviner que j'étais en train de me faire entourlouper.

Les séances se sont poursuivies avec elle. Elle me shootait. Je flottais au-dessus du monde. Dormais beaucoup. J'avais peu ou pas d'activités. À dix-sept ans, j'avais cessé mes études. Tout foutait le camp. Je ne pensais pas sérieusement à devenir acteur. Je n'avais pas encore rencontré Diane. Un mois après le début de la thérapie, Bertin m'a annoncé qu'elle convoquerait bientôt ma mère et mon père. J'étais mineur, elle était tenue de le faire. C'était ce qu'elle appelait une « consultation familiale ». Le but était de parler de ma thérapie avec eux et de trouver des solutions à nos problèmes « ensemble ». Elle avait dit ça avec un grand sourire. J'ai failli lui répondre qu'elle ne savait pas de quoi elle parlait mais je me suis tu.

La semaine suivante, c'est ma mère qui a déboulé la première (elle refusait absolument d'être avec mon père et lui de même). Elle arrivait de Nice, « spécialement pour toi, *carino* ». Elle allait rater un stage sur Le Corbusier qui l'intéressait vivement. Elle m'a embrassé en entrant dans le bureau (elle était en retard), « tu as le bonjour de Zakhar », ses longs cheveux bruns ont volé dans les airs. Elle cocottait et s'était trop maquillée. Mais à nous voir ainsi, on aurait pu croire qu'on s'était quittés la veille.

Le docteur Bertin l'a écoutée avec une certaine indifférence, en tripotant son stylo rouge. Maman a demandé si elle pouvait fumer. Le docteur Bertin a dit non. Maman a commencé à se plaindre. Très vite mon attention s'est détachée d'elle. Je voyais son visage bouger mais le son ne me parvenait plus. Il était remplacé par des images qui me revenaient et dont je pensais avoir totalement oublié l'existence. Des images fugaces, rares, mais belles. Mon enfance, Papa et Maman amoureux. Lui qui la tenait par la taille. Elle qui chantonnait entre deux Marlboro Light. À l'époque, comme tous les enfants, j'étais persuadé que mes parents s'aimeraient toujours. Je les entendais rire dans les couloirs du château et souvent ils me laissaient avec la nounou pour aller dîner tous les deux au village. Ils refusaient de m'en dire plus, c'était leur « jardin secret ». Maman accompagnait Papa sur les tournages. Il prétendait ne pas pouvoir se passer d'elle.

– Tu me donnes l'autorisation de te prendre ta maman quelques jours ?

Je la lui donnais, évidemment.

Je me rappelle ces vacances d'été tous les trois en Normandie. Les falaises, les plages de galets qui faisaient mal aux fesses quand on s'asseyait, le manoir que nous prêtait une amie de Papa, actrice elle aussi. Un matin je m'étais réveillé seul dans la maison. De mon balcon, j'avais regardé la plage encore déserte ; c'était marée basse. Puis je les avais vus. Ils couraient au loin, entourés des chiens. Ils avaient l'air heureux. Que s'est-il passé ensuite ? Pourquoi les adultes finissent-ils par se haïr ?

Une question de Bertin m'a arraché à ma rêverie. Sans savoir ce qu'elle me demandait, j'ai répondu « oui », mécaniquement. Ma mère a repris la parole.

De toute façon elle n'y était pour rien. Tous ces ratés, c'était la faute de mon père. Elle avait sa vie maintenant, son nouveau mari. Elle n'avait plus la force de s'occuper de moi. Elle avait trop souffert. Et puis je serais bientôt majeur.

– Mon fils vous a dit qu'il me frappait à Mortagne ?

– Qui vous frappait à Mortagne ? Le père ou le fils ?

– Le père.

Maman a gardé son sac sur les genoux pendant tout l'entretien. Quand je suis revenu à moi, j'ai fini par l'insulter, la traiter de grosse égoïste qui m'avait abandonné, qui ne pensait qu'à elle. J'aurais tout donné pour retrouver ma maman d'avant, celle que Papa aimait. C'était leur faute à tous les deux.

Maman a commencé à pleurer. Bertin souriait toujours, mais d'un sourire plus mou, qui ne laissait plus apparaître ses dents. Quand le maquillage de Maman a eu fini de couler, quand je n'ai plus eu d'énergie pour la maudire, Bertin a repris la parole. Elle lui a demandé s'il n'était pas envisageable qu'elle vienne me voir à Paris de temps en temps. Que, peut-être, j'avais besoin d'une mère.

C'est là qu'elle a explosé. Elle s'est levée, a jeté son sac sur la psy.

– Vous êtes qui pour me dire des choses comme ça ? Vous ne savez rien ! Vous avez des enfants au moins ? Non ? Bon allez... Viens Alex, on se casse.

Elle m'a pris par la main et jeté dans l'ascenseur. J'étais un jouet aux ressorts cassés. Je suivais, sans volonté, épuisé. Nous avons sauté dans un taxi pour aller déjeuner au Fouquet's. Ma mère aime les symboles. Bien installés sur les banquettes, nous avons parlé longuement. Principalement d'elle. De ses cours, ses rêves de devenir architecte. Cette envie de construire, pour moi qui avais croisé beaucoup de ruines sur mon chemin, ne cessait de m'étonner. À un moment, elle s'est penchée vers moi avec un air de conspiratrice. Elle voulait savoir comment gagner plus d'abonnés sur son compte Instagram. À croire qu'on ne s'était pas déchirés une heure plus tôt. Ma mère est comme ça, aussi légère que la brise. Avant de repartir, elle m'a serré fort dans ses bras, m'a dit qu'elle m'aimait «plus que tout». Terminé. Les mots n'engagent à rien lorsqu'ils n'ont plus de sens.

La semaine suivante, c'était au tour de Papa. Bertin et moi l'attendions. Quand il est entré dans la pièce, j'ai vu ma psy changer d'expression. Elle avait ce regard que je connais par cœur, celui qu'ont tous les gens quand ils voient mon père en vrai pour la première fois. Celui des allumés. Des fous dans les sectes. Papa semblait extrêmement détendu et sûr de lui. Il s'est assis face à elle.

– Alors mon petit chéri, qu'est-ce que tu as fait encore?

Et il a éclaté de rire.

Elle aussi.

Elle l'a écouté sans jamais l'interrompre, la bouche ouverte.

À un moment il s'est levé et a commencé à chanter. Comme ça. Acteur un jour, acteur toujours. Bertin semblait hypnotisée.

Je n'existais plus.

Puis, au terme d'un long discours, Papa a démontré que j'avais tort en tout et qu'il essayait simplement d'être père. Que c'était difficile l'autorité de nos jours, que les jeunes ne voulaient rien écouter. Qu'il fallait bien les faire marcher droit. Sans prévenir, sans que je comprenne, il m'a mis une claque. Bim. Le feu sur ma joue.

– Ça lui fait du bien, il a dit.

J'ai levé les yeux vers Bertin. Elle riait.

Mon père et moi, pendant les six mois qui ont suivi cette séance, on ne s'est plus parlé. Puis un samedi, je suis retourné à Mortagne. Bodyguard, un autre encore, m'avait prévenu : Gaston était mort. Papa avait annulé un tournage et demandé à me voir. La mort du chat l'avait plongé dans un chagrin similaire à celui causé par la mort de Tonton Freddy. Et le chagrin lui avait rappelé qu'il avait un fils. J'ai voulu me recueillir sur la tombe de Gaston, ce chat, c'était aussi mon copain d'enfance. Papa a haussé les épaules. « Je vais faire construire une église au fond de la forêt », il m'a répondu. Puis il a ajouté : « T'as vraiment une sale tête, tu sais. » Normal. Avec les cachetons que me filait Bertin, j'étais blême, shooté. La nuit, je faisais des cauchemars. Je revoyais Vassili. Ma main sur le flingue. Ce Remington qui finissait toujours par se transformer en petit pistolet noir au bout duquel se balançait une étiquette marquée « Himmler ». Je restais bloqué sur cette nuit où tout avait basculé. Bertin me disait que tant que le procès n'aurait pas eu lieu, je n'arriverais pas à avancer. Ça faisait deux ans que j'attendais que la justice se bouge. Pour mon ami et pour moi. Rien ne venait. Je n'en pouvais plus.

Après dîner, ce même samedi, j'ai surpris mon père au téléphone dans son bureau et me suis caché pour l'écouter. Il parlait peu. J'entendais juste des « très bien, très bien » qui ponctuaient le silence.

– Très bien, docteur Bertin. Oui... Comme d'habitude... À la semaine prochaine. Merci encore. Oui, je vous invite, vous viendrez me voir dans les loges.

Quand j'ai compris, j'ai explosé. Mon père échangeait avec ma psy en secret ? Je n'avais donc droit à rien, même pas à un peu de vie privée ? J'ai poussé la porte comme un dingue et déversé ma rage.

– Qu'est-ce que tu crois ? a-t-il hurlé plus fort que moi. Je sais tout. Tout ! La coke, les joints, ta vie de débauché à Rome, la merde dans laquelle tu t'enfonces !

Il a sorti une cigarette. À la lueur du briquet j'ai vu ses yeux briller. Je ne parvenais plus à articuler un mot.

– Elle me dit tout, Bertin. Elle m'a à la bonne. Tu croyais vraiment que tu allais garder tes petits secrets ? Je sais tout. Je suis Alexandre Delval, n'oublie jamais ça.

Tout m'est revenu, toutes ces années. Ma solitude. La violence. L'absence. Cette place qu'il refuserait toujours de me donner. Je croyais avoir trouvé un espace pour raconter ce qui me tourmentait. Raté. Mon père s'y instillait telle la punaise dans la poutre de bois. J'étais en train de crever là, devant lui. Je n'étais plus rien.

Quant à lui, il jubilait.

Je suis sorti du château en courant, en direction du lac. J'ai hurlé comme un porc qu'on égorge. Une petite pluie a commencé à tomber, j'ai gagné la forêt; les feuilles craquaient sous mes pas. J'ai pensé aux loups de mon enfance. Les bêtes viendraient me déchiqueter, on me jetterait dans le lac et plus personne n'entendrait parler de moi.

Les doigts tremblants, j'ai appelé Bodyguard. Je lui ai demandé de me ramener à Paris. Je l'ai supplié.

Quand je suis retourné au château, Papa n'était plus là. Il avait dû aller se coucher. Bodyguard m'attendait les clés à la main. Pour une fois, Papa ne s'était pas opposé à mon départ. Il n'avait plus besoin de me contrôler physiquement puisqu'il avait pris possession de mon esprit, de mes pensées, de mon intimité.

Bodyguard a démarré la Mercedes. Il n'a rien dit de tout le voyage mais il m'a laissé fumer un joint. Quelques heures plus tard, il me déposait devant l'immeuble parisien de Papa, heureusement vide. Le dernier étage lui appartient intégralement. Je suis entré et, poussé par la colère, me suis dirigé vers son bureau. Une pièce immense dont il m'avait toujours, tacitement, interdit l'accès. Habitué à ses lubies, et vacciné par l'affaire du pistolet d'Himmler, je n'avais pas cherché plus. Mais là, une envie de tout saccager me tenait. J'ai poussé la porte qui, par miracle, n'était pas verrouillée. En allumant la lumière, mon sang s'est figé. Papa était là. Face à moi, dans un costume de luxe parfaitement coupé, avec une chemise bleu marine qui rehaussait ses cheveux d'argent et sa barbe. Un sourire aux lèvres. Si réaliste. Mon père, en cire. Une statue du musée Grévin.

J'ai cru devenir fou. Au lieu de tout faire valser, je me suis laissé tomber sur le tapis épais et j'ai ri nerveusement. Une seconde, je me suis imaginé figé dans la cire moi aussi, mais... Mais non, je n'étais pas assez important, je ne méritais pas cet honneur. Alors je me suis relevé, j'ai ouvert les tiroirs, fouillé dans les placards. Quand je suis tombé sur deux rayons de mitraillettes et de revolvers, je n'ai presque pas été surpris. J'ai résisté à l'envie de saisir un flingue au hasard et de le glisser dans mon pantalon comme quand j'étais gamin. Depuis Vassili, je ne touchais plus à ça. J'avais trouvé d'autres expédients.

Pour ne pas fléchir, je suis retourné à la cuisine me descendre une moitié de bouteille de vodka, seul. J'ai fumé encore un joint.

Et je suis redescendu dans la nuit.

Le lendemain j'ai appelé Bertin pour la voir en urgence. Elle a accepté de me recevoir à dix-neuf heures.

Elle avait son éternel sourire jaune mais aussi quelque chose de plus narquois dans les yeux. Elle savait que je savais. Ils se disaient tout.

J'ai vomi ma haine sans pouvoir m'arrêter.

Je lui ai demandé comment elle faisait en tant que psy, comment elle faisait en tant que femme pour vivre avec ça. Raconter à mon père des choses que je n'avais confiées qu'à elle. Et le secret professionnel, hein ? Comment elle avait pu m'infliger ça ? Il n'y avait donc pas de limites, rien ni personne ne pouvait résister à Alexandre Delval ?

Elle a repris la parole d'un ton sirupeux. Ça puait le patchouli dans son bureau, une grosse bougie brûlait.

– Vous avez raison sur un point, Alexandre, je ne peux pas être à la fois la psy du fils et du père. Je vais donc vous donner un autre contact.

Quoi ? J'avais bien entendu ?

– Attends, tu es en train de me dire, connasse, que mon père me prend tout, même ma psy ?

Elle n'a pas répondu. J'ai eu l'impression d'avaler une pierre.

– Vous savez quoi ? j'ai ajouté, je m'en tape ! Ouais, je m'en tape, en fait. Pas besoin que vous me donniez un nom de psy. J'ai besoin de personne. Et je vous emmerde.

Je me suis levé, j'ai passé la main sur son bureau pour tout foutre par terre. J'ai fait le tour des armoires. J'ai jeté les livres, un par un, puis par blocs. J'ai cassé les tasses de son petit bar personnel. J'étais prêt à la buter elle aussi.

Pendant ces longues minutes, elle n'a pas bougé, malgré la grimace qui lui déformait la bouche.

– Au revoir Alexandre, a-t-elle simplement dit une fois que j'ai eu terminé.

J'ai descendu les marches quatre à quatre, j'ai pleuré. J'ai pensé que j'étais un faible. Les gens qui sont faibles, je ne peux pas les voir, je les déteste, tous ceux qui pleurent parce que, gnangnan, je ne vais pas réussir, je suis malheureux. Ils me font chier. Il y a une expression en anglais qui résume bien ça, je ne sais pas comment on dirait en français : « *Sometimes I go about in pity for myself in all the way a great wind carries me to the sky.* » Arrête d'avoir pitié de toi, oublie et avance...

Dans la rue, je me suis repris. Je n'étais pas ce faible, je n'avais pas besoin de Bertin. Il suffisait de raisonner, de mettre les choses à plat. Maman vivait sa vie. Il ne fallait pas compter sur elle. Avec Papa, ce n'était pas l'extase, loin de là. Mais ça allait quand même. Et je me débrouillerais sans lui. Être un homme, c'était se débrouiller seul. Ne compter que sur soi. Priorité : arrêter de chialer comme une fillette, arrêter de penser « tout va mal, il me manque, je lui parle jamais, c'est dur », alors que non, tout va très bien, il n'y a pas de mal. Quand on se voit, on dîne ensemble, on s'entend bien. On parle de la pluie et du beau temps, de lui, de ses animaux. Comme un père et un fils. C'est juste qu'il n'y a rien entre lui et moi, rien. Les gens ne comprennent pas ça. Le néant.

9

Je suis épuisé comme si je venais de courir un marathon. En m'encourageant du regard, Georges m'a laissé dérouler mon histoire. Sans jamais me juger. J'avale une rasade de café tiédi, en savoure l'amertume.

– Je comprends votre colère, Alex, ainsi que votre déception. Le docteur Bertin s'est mal comportée avec vous.

– Je vous avoue que je n'aurais jamais cru pouvoir refaire confiance à un psy...

– Je ne suis pas seulement un psy, Alex.

– C'est vrai, vous êtes mon sauveur.

En entendant mes mots, il a un petit geste de la tête sympathique. On est bien tous les deux. On se comprend. Enfin je crois.

– Vous avez des enfants, vous ?

– Pourquoi me posez-vous la question ?

– Je sais pas, je vous raconte toute ma vie et vous, vous ne me dites rien de la vôtre. À part votre cuite de jeunesse en Bourgogne...

Il a souri. J'avais raison, il ne pouvait pas dire le contraire.

– Oubliez-moi, je ne suis pas intéressant. Vous oui, en revanche. Vous êtes un garçon étonnant, vous savez ?

– Ah bon. Première fois qu'on me dit ça.

– C'est juste que vous n'avez pas encore trouvé votre place. Nous avons tous besoin d'une place bien ancrée pour mener notre chemin. Dans votre famille, c'est loin d'être le cas. Même dans un espace qui est censé être le vôtre, celui des échanges avec votre psy, votre père vous court-circuite. C'est insupportable. Vous avez raison de vous révolter.

Blanc. Je laisse ses paroles infuser. Puis, dans un élan, je me lève, lui pique une Vogue et me penche à la fenêtre pour fumer. Je devrais arrêter la clope. Mais Diane aimait me voir la cigarette à la main, adossé aux murs d'Assas, quand je l'attendais. Elle trouvait ça sexy. Je ne dois pas penser à Diane. Je ne dois pas me gaver de regrets.

Dans la rue, soudain, deux silhouettes s'avancent dans la brume. Une femme et son enfant. Il est si tard... Que fait un gamin dehors à cette heure-ci ? Il devrait dormir depuis des heures. Georges me rejoint. L'enfant lève les yeux vers nous. Petite tête, petits pieds, petites mains perdues. J'ai l'impression qu'il ne nous voit pas pourtant. La nuit se referme sur lui et sa mère. Une apparition. Est-ce que des gens, un jour, m'ont regardé avec ma mère en se demandant pourquoi je ne dormais pas? Pourquoi j'étais en pyjama à midi dans un McDo' sur la route des Alpes? Je soupire :

– Dans le fond, Georges, on est toujours seul, vous ne pensez pas?

– Si. Je le crois aussi. Mais c'est une solitude habitée. Regardez plutôt... Vous pensez toujours à Diane et moi à ma femme. Les absents prennent beaucoup de place.

Je me risque à lui demander :

– Vous voulez parler de votre père?

– Pardon? Pas du tout, répond-il en tournant la tête brusquement. Ce n'est pas le sujet. D'ailleurs, je vous le redemande. Comment connaissez-vous mon nom?

J'ai envie de lui parler de sa fiche Wikipédia, de ses gloires de psy, des drames de sa famille... Mais j'aimerais que ça vienne de lui. Qu'il me fasse confiance. Je me contente d'indiquer du menton son beau diplôme encadré.

– Ah, ça! s'exclame-t-il d'un air soulagé. Vous ne me croirez pas, mais j'avais complètement oublié cette vieillerie!

Il me tend sa cigarette et s'approche du cadre. D'un geste vif, il le décroche et le pose dans un coin.

– Bon débarras!

Son ton est soudain plus enjoué. Je tire une latte sur sa clope, pour voir. Le goût n'est pas différent.

– Les diplômes ne servent à rien. Pour votre film, par exemple, pas besoin d'avoir fait l'Actors Studio. La rue et le vécu, je ne connais pas de meilleure école.

– Vous vous entendriez bien avec mon père là-dessus. Il dit la même chose.

– Peut-être qu'il vous soutiendrait sur le film de Werner, alors ?

J'admire le tact de Georges. Werner. On y est.

– Vous ne m'avez pas dit, continue-t-il, comment vous étiez arrivé au cinéma finalement... C'était votre désir propre ?

*

– Allô ?

Un numéro inconnu s'était affiché sur mon écran. Dimanche matin, soleil sur Paris. Diane était nue contre moi, les cheveux encore emmêlés. Quand je pense que cette scène remonte à un petit mois... Une autre vie, vraiment.

– Alex Delval ? Pardon de vous déranger, je suis Frédéric Werner.

J'avais bondi du lit, soudain parfaitement réveillé.

– Je suis réalisateur...

Comme si je ne le connaissais pas ! De Werner, j'avais vu *Place nette*, *Ma belle* et *Cyclone*, trois chefs-d'œuvre absolus multiprimés dans les festivals.

– Voilà, j'ai un projet, j'aimerais vous en parler... C'est assez urgent. On pourrait se voir ce midi ? Pardon, je vous demande ça au débotté...

Devinez ma réponse. Je me suis jeté sous la douche, j'ai vidé le flacon de gel ylang-ylang en pestant contre l'odeur trop sucrée, vite un shampooing, rasage express. Diane m'a tendu d'une main une chemise bleu ciel impeccable et de l'autre une paire de chaussettes à pois, « pour que tu ne te prennes pas trop au sérieux non plus », puis elle m'a poussé dans l'ascenseur en m'embrassant, « bonne chance, mon amour ».

Je suis arrivé à l'heure au rendez-vous. Werner m'attendait au fond d'une brasserie bruyante. On s'est salués, il a commandé un confit de canard avec un verre de vin rouge, j'ai fait comme lui alors que je n'aime pas le confit, ma gorge était sèche, mon esprit affolé. Il m'a parlé du film. J'ai failli tomber de ma chaise. Ce projet était fou. Totalement fou. À la fois dangereux et excitant. Mon cœur battait à tout rompre.

– Vous seriez partant pour faire des essais ?

D'un air dégagé, amical, j'ai acquiescé. Au fond de moi, c'était pourtant le grand chaos. J'étais partant pour tout, évidemment. Jusque-là, j'avais traîné une ou deux fois dans des cours de théâtre, mais sans aucun suivi. Je n'avais jamais passé de casting. Je me méfiais tellement du cinéma... Et voilà que le cinéma me rattrapait.

Diane m'a récupéré dans un état d'euphorie. Elle m'a posé des questions, voulait savoir ce que Werner me proposait. Je n'ai rien lâché. « Confidentialité absolue. » On a fait l'amour.

Le premier essai a eu lieu une semaine après. Dans l'espèce de loge privatisée pour l'occasion, un type court sur pattes répétait son texte. Luc. Le courant est tout de suite passé entre nous. Si on avait su tous les deux comment les choses allaient tourner… Mais je n'avais pas de boule de cristal dans la poche. On a discuté de nos personnages, de la manière dont il fallait les incarner. Luc sortait du cours Florent. Ce casting représentait pour lui un enjeu énorme.

Quand Frédéric Werner est venu à notre rencontre, il a serré la main de Luc rapidement, puis a passé un bras autour de mes épaules. J'étais flatté et ça m'a mis en confiance. Il nous a expliqué en quelques mots le contexte, la fameuse scène de bagarre, et s'est placé derrière la caméra avec ses assistants. « Action ! » Mes premiers essais manquaient de naturel. J'étais bouffé par l'angoisse. Un sentiment de noyade… Werner a demandé une pause et il m'a pris à part. « Oublie la caméra, Alex. Imagine seulement la situation : Luc est ton meilleur ami. Tu as tout vécu avec lui. Et un jour, il te trahit. Là, tu viens de l'apprendre. Et tu vas lui faire payer ça. On s'en fout que tu ne sortes pas le texte exact. Vas-y avec tes tripes. » Simple, direct, efficace. Il m'a libéré. On a refait la scène et cette fois, j'ai senti qu'il se passait quelque chose en moi. La rage du personnage était la mienne. Je devenais un autre en puisant en moi. « Coupez ! » Werner a levé le pouce dans ma direction. Il n'a pas fait plus de commentaires mais j'ai compris qu'il était très content. « On se revoit vite, Alex. »

Quand je suis rentré chez Diane, le sourire aux lèvres, elle m'a sauté au cou. Rien n'était sûr mais je me sentais heureux, épanoui. Pour une fois, quelque chose de positif se présentait sur mon chemin, j'entrevoyais un projet professionnel, le premier. Diane a mis un album des Rita Mitsouko et s'est mise à danser. Elle m'a attiré à elle en disant : « Alors ça y est, tu vas devenir acteur, toi aussi ! »

Toi aussi.

Deux mots qui ont fêlé l'édifice. Jusque-là, aveuglé par la joie et la nouveauté, la situation était restée irréelle, d'autant que je n'avais pas pu parler du fond : Diane ignorait toujours le rôle qui m'avait été confié. Mais voilà que le doute m'envahissait. J'allais devenir la copie de mon père. J'allais le défier sur un terrain trop vaste pour moi. J'ai commencé à paniquer.

Pendant les jours qui ont suivi, Diane n'a pas arrêté de me parler cinéma. Chaque fois qu'elle évoquait le film, mon ventre se nouait. Je ripostais par des scènes de jalousie de plus en plus violentes. La suite, vous la connaissez. Elle a fini par me jeter dehors. J'ai joué le jeu du call-back pour Werner, il a adoré mon essai, tout est parti en vrille avec Luc et à présent je vais sans doute refuser le rôle. Je réfléchis à ma vie future. Je sais qu'il me faudra travailler, comme tout le monde. Je parle plusieurs langues, c'est un atout dont je ferai peut-être quelque chose. Ou alors je m'occuperai d'animaux. Tiens, des loups par exemple...

*

– Il n'est pas question que tu passes à côté de ce film.

Georges n'a pas l'air de plaisanter du tout. La preuve, c'est lui qui me tutoie maintenant, et pas seulement parce qu'il est en colère.

– Tu vas dire oui à Werner, c'est tout. Diane a raison.

– Diane ne m'aime pas.

– Tu te trompes.

– Si elle m'aimait, elle aurait compris que j'avais juste peur de la perdre.

– Mais qui te dit qu'elle ne l'a pas compris, Alex ? Qui te dit que ta lettre d'excuse ne va pas la toucher ? Rien n'est perdu ! Et puis, il faut se mettre à sa place, aussi ! Avec ses études, son ambition professionnelle et la pression que tu faisais peser sur elle, ce n'était pas facile ! Vous n'avez que dix-huit ans, bon sang !

– Moi bientôt dix-neuf...

– D'accord, et après ? Vous êtes encore si jeunes... Elle a l'air formidable, cette fille ! Elle avait envie de t'aider, je suis sûr.

– M'aider ?

– Oui. Te donner confiance pour ce rôle et ce choix de carrière. Je comprends que tu aies peur par rapport à ton père. Mais c'est le moment de dépasser ça.

– Hum... Peut-être.

– De ton côté, tu voulais l'encourager dans ses études d'avocate, non ? C'est normal entre gens qui s'aiment de se soutenir. C'est comme les parents avec leurs enfants...

Un ange passe. Georges doit réaliser ce qu'il vient de dire... C'en est presque comique. Je profite du malaise pour lui reposer la question à laquelle il n'a pas répondu tout à l'heure :

– Et vous alors, vous en avez, des enfants ?

Il se rembrunit.

– Non.

– Pourquoi ?

– C'est une bonne question... Sans doute parce que l'adulte se souvient toujours de l'enfant qu'il a été et des parents qu'il a eus. Après, eh bien... soit on rêve de fonder sa propre famille, soit on décide de ne jamais en avoir.

Sa voix se fait plus rauque.

– Tu aimerais fonder un foyer, toi ?

– Oui. Absolument.

Ma réponse a fusé, m'étonnant un peu moi-même.

– Eh bien je trouve ça très beau. Le sentiment d'abandon et la trahison des adultes n'auront pas eu raison de toi...

Si Georges savait. Bien sûr que les adultes ont failli avoir raison de moi.

10

Deux ans. Mon avocat avait été clair. Suite à l'affaire Vassili, les juges m'interdisaient de quitter le sol italien pendant deux ans. Je devais pointer au commissariat tous les mois. De toute façon ils m'avaient confisqué mes papiers d'identité... J'avais retenu mes larmes : l'Italie, c'était aussi mon pays. Si Maman passait pas mal de temps à Nice, elle restait avant tout citoyenne romaine et pourrait me prendre sous son aile. C'est donc elle que j'ai appelée en premier quand j'ai retrouvé mes esprits. Au téléphone, elle m'a dit d'une voix triste : « Je ne sais pas, Alex. Laisse-moi réfléchir. Je vais t'écrire. »

Ça, elle m'avait écrit !

« *Non ce la faccio più.* Je n'en peux plus. Je n'arrive pas à te stopper, Alex. Tu es comme ton père : ingérable. Je n'aurais jamais cru qu'être ta mère me soit un jour impossible, mais c'est hélas bien le cas. Comment puis-je lutter contre ça ? Drogue, armes à feu? C'est quoi, la prochaine étape? Un copain à toi me tirera dessus avec un revolver de ton père? Je ne peux plus rien faire, Alex. Je suis désolée. J'ai essayé, pourtant. Je te le promets. Mais aujourd'hui, mon petit garçon n'est plus. Ta *mamma* qui t'aime quand même.»

J'étais resté sidéré. Ces phrases, c'était ma mère qui me les écrivait. J'avais quinze ans, j'étais son unique fils, et elle me lâchait par ce SMS. La claque. C'était comme si elle m'avait fait sauter toutes les dents d'un coup. La douleur, horrible.

Un peu plus tard, le téléphone a sonné. C'était Papa. Voix grave, rassurante. Il était là. Il est toujours là quand je m'approche du précipice.

– Alex... J'ai appris pour l'assignation à résidence. Ça passera vite, ne t'inquiète pas. Je viendrai te voir.

C'était plus fort que moi, j'ai craqué. Mais je ne voulais pas lui parler du SMS de Maman. Garder la tête haute. J'étais responsable de la paralysie de Vassili? Je payerai ma dette. Je ferai face moi aussi. Pourtant, au fond de moi, comme je me sentais triste... Au bout du fil, mon père m'encourageait. Il invoquait notre lignée pour me donner du courage. Les accidents de parcours faisaient partie de la vie.

– N'oublie jamais que tu es un Delval, mon fils. Tu es de la race des seigneurs.

Quand j'ai raccroché, je me suis laissé tomber sur la moquette. À quinze ans, j'avais l'impression que tout était fini. Vassili était paralysé. J'avais beau tout imaginer, rien, ni l'argent, ni la médecine, ni Dieu ne pourraient me permettre de revenir en arrière. En attendant le procès officiel, les parents de mon ami avaient demandé au juge une mesure d'éloignement : je n'avais plus le droit de m'approcher de lui. Je les comprenais. À leur place, j'aurais fait pareil.

Dans le fond, je n'avais rien dans ma vie. Rien d'autre que mon nom. C'était notre Graal, aussi puissant que destructeur. J'avais vendu mon âme au diable avant ma naissance. Le Destin me chantait d'une voix suave : « Tu réussiras, mais tu seras malheureux. » Le plus important, c'était que notre nom perdure, que les Delval soient tous hors normes. Même si les trois prochaines générations devaient être damnées. C'était comme ça. Et tant pis pour ma mère. Le sang Delval ne coulait pas dans ses veines. Elle ne serait jamais comme nous.

*

Au coin de la Piazza Della Chiesa Nuova, je sais pouvoir trouver Paolo. Ricardo, mon bodyguard attitré, me laisse à l'angle sans un mot. Il a très bien compris mais joue l'ignorant.

Paolo. Mon pote. Mon fournisseur d'anesthésiants. À moi les paradis artificiels. Comment ça débute ces choses-là ? Ça ne débute jamais. Y penser, c'est déjà sombrer. Après, tout va très vite.

J'avais déjà tapé lors de soirées. Même si je n'étais pas encore accro, le ver était dans le fruit, prêt à me bouffer les neurones. Avec la décision de justice et mon assignation à résidence, tout s'est emballé. Au début, c'était une ou deux fois par semaine. Paolo était affable, j'allais dire, séduisant. Gentil avec moi. On s'est vus de plus en plus souvent. Son message était clair :

– Il t'en faut plus, mon frère. Tu verras, ça va t'aider à tenir.

J'avais pris l'habitude de consommer sur place. Il attendait que je lui tende les billets, puis il me constituait lui-même les lignes avec sa carte bleue sur la table de verre. Une, deux, trois... Mon nez me brûlait. Et puis tout s'évaporait. J'incinérais mes problèmes. Je devenais fort, sûr de moi. Quand je sortais, j'étais prêt à conquérir le monde. Je n'avais plus d'entraves. Toute ma réalité s'effaçait au profit d'un autre monde, plus plat, plus facile, où tout devenait possible. J'oubliais l'accident, mon père, mes doutes. J'avais ma potion magique. J'aurais pu dégommer tous les Romains.

Ricardo ne posait jamais de questions. Il se contentait de me suivre partout. Mon père le payait pour ça.

Très vite, j'ai commencé à ramener la coke à la maison. Les virées chez Paolo ne suffisaient plus. Il fallait taper plus fort. Plus vite. Plus souvent. Je cachais la poudre dans mon slip, dans mes poches. Les lignes s'enchaînaient.

Paolo m'aimait bien car je payais rubis sur l'ongle. Papa m'aidait, à cette époque-là. Je sortais des liasses de billets, la flambe, quoi. La drogue était belle, j'étais tombé amoureux de sa puissance; je n'en voyais pas les dangers. Au quotidien, je me raccrochais à ce que je pouvais : la vie de mon père par exemple. Je regardais des documentaires sur lui, je me comparais. Lui prenait de mes nouvelles, mais presque jamais directement.

– Oui, Monsieur. Alexandre se porte bien. Il sort à nouveau..., lui expliquait Ricardo.

Le téléphone collé à l'oreille, il attendait.

– Ne vous faites pas de souci. Il retournera au lycée en septembre. J'y veillerai.

Silence.

– Qu'est-ce que vous dites ? reprit-il en rigolant. Est-ce qu'il est pédé ?

Ricardo me fit un clin d'œil.

– Non, ça, je vous rassure, Monsieur Delval. Il n'est pas pédé.

J'ai fini par retourner au lycée. De temps en temps. Je jouais le jeune homme bien dans sa peau, celui qui n'a pas de problèmes avec les autres. Comme j'arrosais tout le monde en coke et en vodka, on oubliait que j'avais un procès en attente, que quelqu'un avait failli mourir à cause de moi et que j'étais le « fils de ».

« Fils de. »

J'imagine à quoi ça doit ressembler d'être le fils de personne, le fils d'un homme normal, d'un simple citoyen. On doit être libéré d'un sacré poids, non ? Moi je dois vivre avec ça, et quand mon père sera mort il sera encore là, et je devrai porter son héritage et son nom, et il sera toujours là à me narguer du haut de ses vingt ans sur les pubs qu'ils ressortent chaque été pour cette marque de lunettes à la con !

La seule chose que la drogue ne m'enlevait pas, c'étaient les cauchemars. Le drame de l'appartement se rejouait chaque nuit dans ma tête. Le sang de Vassili, la balle, les flics, tout me revenait, seconde par seconde. Et cette honte, cette culpabilité inscrite dans le fond de mon ventre, de ma tête. Je n'avais même pas moyen de lui demander pardon. J'ai écrit des lettres que j'ai ensuite cachées dans mon armoire. Interdiction d'entrer en contact avec lui. Il fallait attendre le procès. Dans mes cauchemars je finissais par payer, mais qu'est-ce que ça vaut, une dette qu'on paye juste en rêve ?

Début janvier, Paolo m'a offert un collier avec une petite fiole en verre. Ma fiole de coke. *Grazie mille, Paolo.* J'aimais la sentir sur ma peau, sous ma chemise.

Un matin je me suis brossé les dents et j'ai saigné de la bouche une heure. Une autre fois je me suis coiffé et des touffes entières de cheveux me sont restées dans la main. Je n'avais pas ma dose. Mon père, qui suivait de loin mes aventures modernes, a arrêté de me donner de l'argent. Robinets coupés. J'ai dû travailler. Pour les autres... Pour moi-même. Faire du trafic. Quand je n'avais pas les idées claires, ma langue s'emmêlait et je disais « tafric ». C'est ça, pendant un moment, j'ai fait du *tafric.*

Je me suis mis à traîner autour de la gare Termini, entre les HLM, les entrepôts et les maisons ouvrières.

Je me sentais hors du temps, flottant dans une faille temporelle. Là, j'ai trouvé de nouveaux camarades d'infortune, des camés comme moi qui à vingt-cinq ans en paraissaient le double, les yeux tirés, les veines trouées par les piqûres. Il y en a un, une fois... Une ombre dans la nuit... « *Amico*... T'as pas une pièce ou un truc... Pour me shooter... », il criait.

J'ai découvert son visage électrique, son corps. C'était un charnier. Il n'avait plus de dents. Sa maigreur était effrayante. Ses cheveux n'étaient que des fils qui lui tombaient sur les yeux. J'ai eu si peur que je lui ai donné tout ce qui me restait et suis parti en courant. Cet homme était le portrait craché de Gollum. Celui qui s'empare de l'Anneau après avoir tué son ami. Un anneau qui l'a rendu fou et dont il est devenu l'esclave. Mon nom, Delval, était mon anneau.

Mais qu'importe. La seule chose qui comptait pour moi, c'était trouver la came. La vendre. Et puis dormir sous le pont, près de la gare, parce que je n'avais plus la force de rentrer à l'appart'.

Je dealais pour Paolo qui ne venait jamais ici en personne. En échange il me fournissait de l'herbe et de la Ritaline. J'y ajoutais souvent de fortes doses d'anxiolytiques. Je partais loin. Ça me donnait confiance en moi, et parfois, j'allais carrément sur une autre planète, c'était comme mourir, mais sans aucune souffrance.

Moi qui étais un roi, moi qui n'avais jamais eu de problèmes d'argent, moi qui ne savais pas ce qu'était un découvert, j'ai commencé à galérer. Assez vite, je me suis retrouvé sans rien. Un mendiant. Un putain de «*senza casa*». À seize ans, mon père ne m'aidait plus, terminé. Il préférait s'occuper de ses chiens. Dans ses appartements, il y avait toujours une gamelle pleine pour eux.

Un jour, j'ai cru en finir. Je n'en pouvais plus. Le manque était trop fort. J'ai menacé Ricardo de me jeter par la fenêtre s'il n'allait pas m'acheter un peu de dope. «Je vais crever! je gueulais. Je veux crever!»

Ricardo avait peur; il a appelé mon père. Pour éviter que je fasse n'importe quoi, il m'a attaché aux pieds du lit. Je me suis couché par terre en boule. Je n'avais plus rien dans les poches, plus de clopes, plus d'argent. «Calme-toi!», disait Ricardo. Je ne me calmais pas. J'avais faim. Tellement faim. Quand j'ai vu l'écuelle du chien, je n'ai même pas réfléchi. Je me suis penché et j'ai avalé les croquettes sous ses yeux médusés.

11

Peu après l'épisode des croquettes du chien, je me suis réveillé dans un centre de désintox en banlieue de Rome. Je n'avais plus de portable, plus de fric, plus rien. Il y avait une fille avec moi qui s'appelait Maria. Elle avait quatorze ans. C'était une gothique pleine de piercings, une « emo » comme on dit ; lorsqu'elle enlevait son T-shirt, c'était Frankenstein. Accro aux scarifications. Des cicatrices partout. C'était sa drogue à elle, ce sang qui giclait.

Elle était là parce que sa mère s'était remariée avec un homme qui la violait depuis des années. Et sa mère ne la croyait pas. Alors elle se coupait pour se prouver son existence. Peu après on la « relâcherait », elle se retrouverait à nouveau dans cette maison, et il la violerait encore. Elle assénait ça avec fatalisme. Il n'y avait rien à faire, disait-elle.

Ça a duré un mois ici. On me shootait. On me donnait de quoi vivre sans drogues. J'étais encore davantage hors du monde. Puis un jour, le directeur du centre est venu à moi. Il m'a expliqué en italien que je ne pouvais pas rester car mes parents ne payaient plus.

Il a baissé les yeux. Il n'a pas osé aller plus loin.

Je n'ai pas essayé de joindre Papa car c'était lui qui avait pris la décision de m'enfermer ici. Il était intervenu, quand même, je devais l'admettre. Mais depuis le téléphone de l'accueil, j'ai appelé ma mère. J'espérais sans doute encore quelque chose d'elle.

– Non je ne paierai pas, a-t-elle dit. C'est à ton père de s'occuper de toi. C'est lui qui t'a donné ce pistolet. C'est sa faute. Il n'a qu'à venir te chercher.

Elle a raccroché.

On m'a mis dehors. Les infirmières étaient bien désolées ; leur gentillesse m'a touché. Quant au directeur du centre, il m'a donné 100 euros que j'ai utilisés pour prendre le train jusqu'à Rome et retourner me shooter à la gare. Sauf que cette fois c'est à la DDASS locale que ça s'est terminé.

Là-bas, j'ai vraiment eu envie d'en finir. Je n'avais plus de drogue et j'étais seul avec mes drames. Je ruminais. Mes parents, Vassili, les flingues. Dans ma tête je voyais une boucle de critiques qui m'étaient toutes destinées. La conclusion s'imposait : ma vie ne valait pas d'être vécue. « Tout peut s'arrêter maintenant, pour toujours. Et si je le fais, ce sera dans tous les journaux. "Le fils de... a mis fin à ses jours." Papa sera obligé de réagir. »

Il faut croire que parfois le destin place sur nos routes des êtres qui nous empêchent de sombrer.

Je me souviens de celui qui s'occupait de nous à la DDASS. Un type plutôt jeune qui n'enlevait jamais le chèche qu'il portait autour du cou et rêvait de changer le monde. Chaque jour, sans relâche, il appelait mon père et lui parlait en français. Son ton était toujours le même, calme mais implacable.

– Écoutez Monsieur Delval, je sais que vous n'avez pas de problème d'argent. Même ici nous vous connaissons. Notre centre est fait pour les enfants sans ressources, pas pour les fils de millionnaires. Alors vous allez venir chercher votre fils.

La porte de la chambre s'est ouverte un matin.

Papa était là, avec sa façon si particulière d'exceller dans le coup de théâtre, précédé de Bodyguard.

– Alors, mon fils, il paraît que je t'ai manqué !

Je me suis senti renaître. Un fil invisible nous reliait, malgré les vicissitudes de la vie. Oui, Papa était là. Il portait une chemise ouverte et des Ray-Ban. Le cinéaste Paolo Varesi lui avait proposé quelques jours plus tôt un scénario qu'il avait refusé. Sa préoccupation du moment, c'était son église au fond des bois à Mortagne. Les travaux approchaient de la fin. Très honnêtement, je m'en foutais de son église. J'avais d'autres problèmes que Dieu.

– J'ai une bonne nouvelle, m'a annoncé mon père quand on a posé nos valises dans l'appartement, ce fameux appartement que je ne supportais plus. À la fin de la semaine, tu pourras rentrer en France. Ils ont fini par comprendre que tu n'allais pas te barrer. Il faudra juste revenir à Rome pour le procès. L'avocat te préviendra. Je dois te laisser, même pas le temps d'une pizza. Prends soin de toi.

L'oasis paternelle s'évanouissait. J'étais seul à nouveau, sec et triste comme un vieil enfant, avec le sentiment d'avoir une facture éternelle à payer. Pour être son fils, pour être moi aussi un Delval.

*

– On a tous nos ardoises, Alex...

Georges s'est levé pour boire un peu d'eau.

– ... Mais la rancœur ne vous donnera jamais le père dont vous rêvez. Ce n'est pas contre vous ou à cause de vous qu'il ne peut pas tenir son rôle. Ce n'est pas sa faute non plus. Il a fait comme il a pu avec son histoire, la violence de sa propre histoire, les fardeaux qu'il porte... Il ne s'agit pas de le pardonner, juste de vous alléger. À vous de suivre votre route. Votre père ne doit pas toujours être au centre du jeu.

Je sursaute.

– Et le vôtre ? Il n'a pas toujours été au centre du jeu ? Vous seriez devenu psy sans lui ?

Ses traits se figent brusquement.

– Oui, enfin, non, plus maintenant. Cela ne vous regarde pas.

– Ah ouais ?

Une boule de colère se noue dans ma gorge, cela ne me regarde pas, mais si, cela me regarde, surtout après ce que je lui ai dit sur moi !

– Un père qui se flingue alors qu'il a un petit garçon, c'est pas gravissime, ça?!

Je m'attends au bruit sec de la gifle. La chaleur vive qui embrase la joue. Je suis allé trop loin, je le sais, je regrette déjà. Le mal est fait. Mais rien. Quand je relève la tête, je croise deux yeux tristes, gris malheur, gris déprime.

– Merde. Pardon. Je voulais pas dire ça.

Il se laisse tomber sur le divan à côté de moi. Je me suis déjà emporté tout à l'heure et voilà que je recommence. Je suis conscient du chantier qui m'attend : contrôler mes nerfs, adoucir mon rapport aux autres...

– Clope? me répond-il en ouvrant son paquet.

Il ne lui en reste plus beaucoup, je m'abstiens.

Le silence devient soudain lourd et pesant; il faut faire quelque chose.

– C'est Wikipédia..., dis-je d'une voix douce.

– Quoi, Wikipédia?

Plus moyen de reculer. Je me sens obligé de lui expliquer comment j'ai découvert son histoire et le suicide de son père. Sa biographie sur Internet... La folie de tout ça... Ta vie déballée dans les grandes largeurs par des connards de robots qui obtiennent des millions de clics. Comment vivre dans une telle société? Être célèbre sans être dépossédé, c'est possible? Georges fume sa clope en fixant le mur droit devant lui. J'ai raté une belle occasion de fermer ma gueule.

– Vous m'en voulez?

Il me sourit en hochant la tête. Non. J'imagine pourtant combien ce drame, malgré le temps, doit peser. Je m'appuie un peu contre son bras, faussement maladroit, pour créer le contact, pour lui montrer que je suis là, que je l'écoute.

– Mon père était ébéniste à Montmartre, commence-t-il lentement. L'année de mes dix-sept ans, on se disputait souvent. Tu sais, la crise d'ado... C'est pareil à toutes les époques. Mon père était un homme distant, austère. Il portait sur lui le deuil de sa famille déportée. C'était dur. Il aurait pu compenser par l'amour, la tendresse, mais il n'y arrivait pas. Un soir, il n'est pas revenu du travail. Je me souviens que le téléphone a sonné, puis ma mère a crié. Une bête... Ce n'était pas humain, ce cri. À partir de là, je n'ai plus été le même. Je voyais tout en noir, je délirais. Ma mère a changé de nom et s'est convertie. Mais tu le sais déjà, puisque Wikipédia mentionne ça aussi. Je lui disais qu'elle nous trahissait. Dans le fond, je crois surtout que j'en voulais à mon père : c'était lui qui nous avait trahis. Mais cette pensée m'était insupportable. Alors je m'accusais de lâcheté, de faiblesse.

Il marque une pause durant laquelle j'aimerais dire quelque chose, trouver le bon geste, mais je reste figé, incapable de réagir. J'ai tant de peine pour lui.

– Si mon père n'était pas mort, a-t-il repris, je crois que je l'aurais tué pour lui faire payer son suicide.

Le silence nous a enveloppés une seconde. Je n'étais pas sûr de comprendre. Si son père n'était pas mort, il l'aurait tué...

– Humour juif, a-t-il conclu sobrement.

Il a éclaté de rire, et je l'ai imité.

– Ne cherche pas, on fait dans l'absurde, nous. Pour mettre de la distance.

En effet. Il a des côtés amusants, le vieux Georges... Et puis forcément, tuer le père, ça me parle un peu.

*

Un souvenir d'adolescence, un autre. Je me rappelle de vacances de Toussaint à Mortagne. J'avais l'âge où on traîne des heures devant la télévision, quitte à passer des nuits blanches. Je me perdais ensuite dans d'interminables grasses mat'. Un vendredi, mon père a annoncé son arrivée pour le lendemain treize heures. Nous devions déjeuner ensemble. Le samedi matin, vers midi, histoire d'émerger, j'ai allumé mon iPod dans la salle de bains, un mix de techno et de rock. Je me passais de l'eau sur le visage quand j'ai entendu :

– Ça va sinon ?

La voix de mon père.

Mon cœur a bondi. Papa avait l'œil noir des mauvais jours ; Bodyguard se tenait derrière lui. Il a fait quelques pas et d'un geste sec a flanqué mon iPod à terre ; sourire jaune, rire méchant. La musique s'est arrêtée net.

– Mais putain, Papa, t'es malade ou quoi ?

– Oh, pas fait exprès. Désolé.

– Tu peux me laisser m'habiller ?

– Évidemment. Je sors.

J'ai sauté dans un jean, un T-shirt. Envie de pleurer. Cet iPod était l'un des derniers cadeaux de ma mère avant la séparation.

– Pourquoi tu t'es levé si tard ? a tonné à nouveau sa voix.

– Mais il est midi... Tu avais dit que tu arriverais à...

– Tu te rends compte du fils que tu es ? Je reviens pour toi à Mortagne et tu n'es même pas foutu de descendre déjeuner avec moi.

– Mais je ne savais pas que...

– Tu te tais, tu entends ! Tu ne me contredis pas !

Il m'a collé contre l'armoire. Sa barbe me touchait le visage, ça piquait. Sa main gauche me tenait, l'autre se rapprochait de mon cou. La main a serré. Je me suis débattu de toutes mes forces. Il a relâché l'étreinte. Puis il a mis son genou sur mon entrejambe et il a appuyé. J'ai eu tellement mal que j'ai crié :

– Arrête ! Je vais te tuer ! Je vais te tuer !

Bodyguard, qui avait assisté jusque-là à la scène sans réagir, a accouru et m'a écarté. Mon père est sorti de la pièce en hurlant.

Quand j'ai été seul, je me suis recroquevillé sur le lit. J'ai serré mon oreiller contre moi. Par la suite j'ai découvert en discutant avec la secrétaire de Papa qu'il était arrivé à dix heures en donnant ordre au staff de ne pas me réveiller. Décision avait été prise également d'avancer le déjeuner. Surtout, personne ne devait m'en avertir.

Le soir, mon père a continué. Je ne sais pas pourquoi. C'était ma fête ce jour-là, vraiment... Au milieu du plat principal, il s'est mis à fixer ma tête. J'avais les cheveux longs à cette époque. Il m'a dit, je me souviens exactement de ses mots : « Ça, c'est pas possible. » Il a attrapé une paire de ciseaux, relevé des mèches et a coupé, coupé, coupé. À la fin, je ne ressemblais plus à rien mais lui était content. « C'est comme ça qu'on faisait à l'armée. Tu es beau, maintenant. » Je n'ai pas pu finir mon poulet, il était plein de cheveux.

12

Quelques jours avant mon dix-huitième anniversaire, alors que je rentrais d'un tour à moto dans les rues de Paris, mon téléphone a vibré. Sur l'écran, juste le mot « avocat ». J'ai pris une grande inspiration avant de décrocher. La voix nasillarde d'une secrétaire du cabinet m'a annoncé que le procès au civil se tiendrait prochainement et que j'allais donc comparaître à Rome. J'ai appelé Diane, qui était en week-end chez ses grands-parents à Bordeaux, pour lui annoncer la nouvelle. Elle m'a écouté, encouragé, et répétait qu'elle m'aimait. Sa présence me manquait horriblement mais il fallait faire avec. J'ai pris sur moi. Dans la foulée, j'ai envoyé un SMS à mon père. Il a répondu : « Je sais. Je t'ai fait un virement pour que tu prennes tout de suite un billet. On se voit là-bas. » Le moment était venu. J'allais payer ma dette à Vassili. Je n'ai pas prévenu ma mère.

Un bref coup d'œil sur mon compte en banque digital : Papa m'avait effectivement versé 50 euros. J'ai fait ma valise et acheté un aller low cost. Dans la salle d'embarquement d'Orly, les pubs défilaient sur les écrans et vendaient le rêve d'une vie plus belle ailleurs. Le voyage semblait pouvoir tout guérir. Si seulement... Lorsque l'hôtesse a ouvert le comptoir, je me suis précipité. La tentation de fuir était grande.

Durant le vol, rien ne pouvait me distraire. Je n'ai pas sorti mes écouteurs, pas joué sur mon portable : besoin de faire le vide. Je me suis assoupi en rêvant à Diane. Ce sont les dernières turbulences qui m'ont réveillé. On approchait de Rome. En dessous des nuages, la vallée du Tibre se déroulait comme un tapis de black jack. Joue, perd et gagne.

À Rome, j'ai posé mes affaires dans un petit hôtel de la monumentale Piazza del Popolo. J'ai juste eu le temps de sortir acheter une carte SIM et de retourner à l'appartement où l'avocat m'avait donné rendez-vous. Le fameux appartement avec terrasse. Là où tout avait déraillé. Quand j'y pense, Papa aurait pu le vendre et en acheter un autre tout aussi beau. Ce lieu, c'était ma mauvaise conscience qu'il entretenait.

J'ai fumé un petit joint tranquille en attendant l'avocat. Quand il est arrivé, accompagné de deux assistants, j'ai visualisé une scène de *Men in Black*. C'était tout à fait ça : costards noirs et lunettes fumées, une mallette sous le bras. Moi j'avais l'allure d'un branleur avec mes Ray-Ban, mon demi-joint au bec et ma petite veste à fleurs. Ma vie ressemble parfois à un mauvais film.

Mon père arriverait le lundi, m'a-t-on expliqué. Il n'avait pas l'obligation d'être là mais je trouvais que c'était la moindre des choses. Deux ans auparavant, il m'avait laissé me débrouiller seul avec la justice. Cette fois-ci, il assumerait peut-être.

Ayant évité le pénal grâce à l'assignation à résidence, l'objectif du procès était très clair : établir le montant du dédommagement dû à Vassili. Je n'avais demandé qu'une chose à Papa : qu'il n'invente pas que je lui avais « volé » le Remington. C'était notre accord. J'avais mis le pistolet dans ma valise en partant pour Rome comme n'importe quelle autre affaire. Il était là, c'est tout, à côté des pulls et des baskets. J'étais prêt à tout endosser, ne pas dire que l'arme était son cadeau, mais je voulais que l'on me laisse ma dernière dignité : celle de ne pas être un voleur.

Le lundi matin, dès huit heures, je me suis rendu au cabinet où était fixée la réunion préparatoire avec les avocats. Ils ont commencé à discutailler et lancer des hypothèses. Combien la famille Théotakis allait me réclamer. Comment on pouvait faire baisser cette somme. Ce que je devais dire ou pas. J'avais un rôle à jouer, celui du coupable honteux. Pour la séquence « excuses », il n'y avait pas de mouron à se faire : je serais criant de vérité. L'idée seule de me trouver face à Vassili me rendait malade.

– Tu ne fais pas le con, fiston. Je compte sur toi, a dit Papa.

Je l'ai rassuré. Du moment qu'il respectait notre accord, il n'avait aucune inquiétude à avoir.

– Notre accord ?

– Ben oui, tu sais... Si le juge te demande d'où vient l'arme... Si je te l'ai volée, tout ça...

Il a réprimé un sourire.

– Volée, pas volée... Va savoir ! C'est toi qui avais le Remington, point.

J'étais tellement sidéré que je me suis tu une minute. Le doute. Puis l'horrible certitude. Il allait me trahir. Si l'occasion se présentait, il n'hésiterait pas. J'ai commencé à me sentir mal. « On peut ouvrir la fenêtre s'il vous plaît ? » Il fallait renouveler l'air de la pièce qui s'était chargé de relents écœurants — un mélange de mauvais parfum, de serpillière et de sueur. Quoi que je fasse, mon père se ferait toujours passer avant le reste du monde. À peine les avocats partis, je me suis rué dehors. Impossible de rester une seconde de plus ici. Mon père ne m'a pas retenu. J'ai marché à l'aveugle dans une ville que je ne reconnaissais plus sous un soleil éclatant, un soleil pour touristes, pour gens heureux. À la fontaine de Trevi, l'eau devait être d'une clarté infâme. Le sang grenadine, c'était pour Vassili et moi.

Un bar poisseux se trouvait sur mon chemin, je suis entré et me suis enfilé trois bières que j'ai vomies ensuite.

*

Procès. La lumière était douce ce matin-là ; je m'étais maquillé pour masquer mes cernes et ma mauvaise mine. L'avocat m'avait dit qu'il fallait que je sois nickel. Rasé, coiffé, le costume repassé... Mon cœur battait la chamade et j'avais le sentiment d'un effondrement imminent.

Le bâtiment inspirait le respect avec ses colonnes de temple romain et son marbre de Carrare au sol. On m'a fait entrer par la porte de derrière pour éviter les photographes. Seul mon avocat m'accompagnait. Papa, exceptionnellement, passerait par l'entrée commune, celle réservée au public. J'avais envie de fumer. Nous n'avions pas le temps.

On ne s'est pas installés tout de suite dans le tribunal, mais dans une espèce de salle d'attente qui contrastait avec la grandeur du lieu. Elle était minuscule, surchauffée et noire de monde. Ça sentait le renfermé. Quand j'y suis entré, le brouhaha s'est apaisé progressivement, jusqu'à laisser place au silence. Trois séries de bancs en bois se faisaient face. À droite la famille Théotakis et ses avocats. Une partie d'entre eux formaient un bloc compact autour de Vassili, si bien que je ne l'ai pas vu tout de suite. Et puis ça a été le choc.

Vassili s'est levé en prenant appui sur deux béquilles, un rictus de douleur sur les lèvres. Il était la cassure, la fracture. Dans ses yeux gris, on lisait une tristesse infinie. Il a fait deux malheureux pas vers moi puis s'est arrêté. Il boitait. Il avait vieilli. Je l'ai scruté pourtant comme une divinité, comme un frère. Il savait ce que signifiait revenir d'entre les morts. Malgré la fêlure, il ne m'a pas lâché du regard. Pas un mot. Le reste du clan me défiait. « Vassili... » Je n'ai rien pu dire d'autre. Une vague de larmes m'a emporté. Je suis ressorti. En moi tout hurlait. C'était le chaos. J'étais un monstre. J'étais face à moi-même, sans drogue, sans alcool. Seul. J'avais envie de bras pour me consoler. J'ai soudain envié mon ami d'être blessé. Au moins lui, il était entouré.

L'avocat m'a rejoint dans le couloir, un kleenex à la main. J'ai frotté mes yeux avec, je me suis mouché, je me suis trouvé sale. Au bout de quelques minutes, la cloche a sonné. C'était le signal. L'heure était venue.

Nous sommes entrés les derniers dans le tribunal. C'était comme une classe d'école, à l'américaine, de la moquette, quatre rangées de tables en arc de cercle, à chacune un membre de la défense, et en face le juge, avec l'huissier de justice et la greffière.

Vassili était installé à gauche, avec tous les avocats de sa famille. Moi à droite. Mon père, lui, avait pris place au milieu du public. Le pire, c'était le regard du père Théotakis sur moi. Je ne me souvenais pas qu'il était chauve, ou alors il avait perdu ses cheveux avec le chagrin. À sa place, j'aurais attendu le mec responsable du malheur de mon fils à la sortie du tribunal, un 9 mm dans la poche. Mais lui, bizarrement, avait un regard absent, presque transparent.

Le procès allait durer quatre heures. Après un long énoncé des faits, le juge s'est tourné vers Vassili.

– Pouvez-vous nous lister vos séquelles, monsieur?

D'une voix tremblante, il a répondu en italien :

– Je boite. J'ai tout le temps mal. Je me gave de médicaments trop forts à longueur de journée. J'ai des migraines très violentes qui me tombent dessus par surprise et m'obligent à rester enfermé dans le noir. Je ne peux plus faire de sport. Du coup, je ne sors plus de chez moi. Je n'ai plus de vie sociale. Je déprime.

– Merci, monsieur. Voulez-vous ajouter autre chose?

Il a hésité puis s'est penché sur le micro.

– Alex était mon ami. Alors tout ça... C'est encore plus triste, vous comprenez.

J'ai senti le rouge me monter aux joues. Il avait prononcé ces mots sans colère. Un simple exposé des faits. Tout ce que son jeune cœur pouvait absorber aujourd'hui, c'était de la peine. Moi, j'avais l'impression qu'on me plantait des aiguilles une à une dans le corps.

Son père s'est ensuite avancé à la barre pour livrer son témoignage.

– Ma femme a arrêté de travailler après le drame. Vassili est notre fils unique, il est tout pour elle, alors à un moment, j'ai cru la perdre. Elle a fait une grave dépression. On a dû payer les soins, la maison de convalescence, l'auxiliaire de vie. On s'est endettés pour le ramener à la vie. Notre situation a changé du tout au tout. Nous sommes devenus précaires.

Et ça continuait, ça continuait. C'est là que mon père, qui trônait au milieu du public dans son grand imperméable, s'est tourné vers l'associé de l'avocat.

– Mais qu'est-ce qu'on en a à foutre de ce qu'il raconte ?

Pile à un moment de silence. L'acoustique de la salle était inouïe. On n'a entendu que ça.

L'incompréhension a très vite cédé la place à l'indignation. Tout le monde s'est tourné vers Alexandre Delval. La mère de Vassili a hurlé. Des jurons ont commencé à pleuvoir.

C'était au-dessus de mes forces. Je me suis levé et lui ai balancé très distinctement : « Ferme ta gueule. »

Malgré le brouhaha, ma voix a porté. J'ai poursuivi, poussé par une force qui me dépassait. Une force de survie. Une façon de protéger cet ami à qui j'avais fait tant de mal.

– Tu te rends compte de ce que tu dis ? Tu es fou ? Pourquoi tu dis ça ? Pourquoi tu dis « qu'est-ce qu'on en a à foutre » ?

Papa a ricané en secouant la tête, mains en l'air comme un gamin pris en faute. La famille de Vassili devenait dingue, tout partait à vau-l'eau.

« La séance est suspendue ! »

Il y a eu plusieurs coups de marteau sur le bureau et le juge a disparu à l'arrière de la salle. On avait une demi-heure pour se calmer. On n'était pas au cirque. Le comportement de mon père nous avait tous ulcérés.

De mon côté, je devais reprendre des forces et me concentrer. J'ai prévenu mon avocat que je ne voulais croiser personne, et surtout pas mon père. Il m'a conduit dans un coin tranquille duquel je n'ai pas bougé.

Lorsque le procès a repris, une tension épouvantable régnait dans le tribunal. J'ai fait le vide dans ma tête. Ça allait être mon tour de répondre aux questions.

Étrangement, l'avocat de la famille de Vassili ne m'a pas chargé. Il validait la thèse de l'accident, mais s'interrogeait sur la responsabilité de mon père dans l'histoire. Après tout, j'étais mineur au moment des faits. L'avocat de Papa, qui jusqu'ici était resté en retrait, s'est levé brutalement, un sourire aux lèvres. Comme j'ai détesté ce sourire-là ! Il a demandé au juge la parole.

– Accordé !

Il s'est tourné vers moi :

– Alexandre, nous avons une question à vous poser. Pouvez-vous nous dire d'où vient l'arme qui a causé les blessures de M. Vassili Théotakis ?

– Oui... Euh... Du château de Mortagne, la propriété de mon père.

– Et comment y avez-vous eu accès ?

La sueur commençait à me mouiller le front.

– Je ne sais plus.

– Vous ne savez plus ? Voilà qui est embêtant. Remarquez, il paraît que les voleurs ont la mémoire courte...

– Quoi ? C'est pas vrai ! j'ai paniqué.

L'avocat a alors tiré de sa robe un bout de papier qu'il a brandi bien haut avant de le poser sur le bureau du juge.

– Vous trouverez là, monsieur le juge, la lettre d'excuse de ce jeune homme. Son repentir, suite au vol du Remington, dérobé à son père.

Je tombais des nues. Qu'avait-il encore inventé pour me faire plonger ? Et puis soudain, le flash. Non. Il n'avait pas fait ça. Pas ma lettre d'enfant. Mon écriture maladroite se dessinait dans ma mémoire. « Je suis désolé, Papa, j'ai trahi ta confiance. Pardon de t'avoir volé le pistolet. » Une arme pour une autre : d'un côté le pistolet d'Himmler, de l'autre le Remington — un cauchemar pour un cauchemar. Les lumières se sont mises à danser devant mes yeux. J'allais m'évanouir quand le juge a frappé la table du plat de la main :

– Messieurs ! Je vous demande de ne plus revenir sur des éléments déjà considérés par la justice ! Nous ne sommes pas ici au pénal. Mon rôle n'est pas d'établir les responsabilités criminelles mais de fixer le montant d'indemnisation de la victime. Sans compter qu'un bout de papier noirci par la main d'un enfant n'a aucune valeur juridique.

Un soulagement immense m'a envahi. Malgré son agacement, le juge ne m'accablait pas. Il arrivait à faire la part du vrai et du faux. Face à moi qui avais passé ma vie à chercher une place, un représentant du droit posait enfin une limite ; c'était comme une frontière de feu me protégeant de l'écrasement final. À cette pensée, des larmes de reconnaissance me sont montées aux yeux. J'ai voulu faire un geste à Vassili mais il avait la tête baissée.

– Monsieur Alexandre Delval...

Mon père s'est levé.

– Pas vous. Votre fils.

Je me suis levé.

– Avez-vous des choses à ajouter?

Oui. Des milliers. Des confessions pour une vie. Mais le temps pressait et je n'aurais pas d'autre occasion, je le savais. J'ai ramassé mon cœur en miettes et mes souvenirs glacés. J'ai pris la parole.

– Je voudrais dire à Vassili que je regrette. Infiniment. Rien ne s'est passé comme prévu à cette soirée. On n'aurait jamais dû en arriver là, cela n'a jamais été mon désir. Vassili a été mon premier ami. À ce jour, il reste d'ailleurs le seul. J'aimerais que tu me croies, Vassili. Pas un jour ne passe sans que je pense à toi. Ce n'est pas ça qui fera disparaître tes migraines ou qui te permettra de courir à nouveau. Mais sache que tes blessures, je les porte un peu en moi. Je donnerais tout pour que tu n'aies plus mal, même si ton courage est une immense leçon pour moi. J'espère qu'un jour on se reparlera. Plus tard, quand tu voudras. Parce que tu me manques. *Non sai quanto mi manchi.*

Un nuage est descendu sur l'assemblée. De la buée aux vitres, même les fenêtres pleuraient. J'ai croisé le regard humide de mon ami — une seconde, pas plus, mais putain, comme cette seconde-là m'a fait du bien...

La délibération a été rapide. Le juge fixait à 150 000 euros le montant de l'indemnité due à mon ami. Pas de quoi lui redonner sa vie d'avant, bien sûr, mais de quoi rembourser les soins et lui assurer un peu d'avenir. J'étais d'accord, même s'il restait un problème. Je n'avais pas 150 000 euros.

En quittant le palais, mon père affichait une mine joyeuse.

– Formidable ! Ça s'est bien passé.

– Non, ça ne s'est pas bien passé, ça s'est bien passé pour toi.

– Détends-toi, ça s'est bien passé, je te dis.

Il m'a fait signe de monter dans sa voiture. Cela me débectait mais je n'avais pas le choix. Il a refait le procès durant le trajet en prenant des airs grandiloquents. J'ai craqué :

– Pourquoi t'as ressorti cette lettre d'il y a mille ans ? Pourquoi t'as menti ? Tu m'as trahi ! On avait un accord !

– Arrête ton char, veux-tu. J'ai fait ça pour diminuer l'amende, idiot. Si je reconnaissais mon tort, à savoir t'avoir offert le flingue, c'est pas 150 000 euros qu'on te collait sur le dos, c'était 1,5 million !

Je trouvais le calcul écœurant mais devais reconnaître que c'était crédible. J'ai profité de la perche qu'il me tendait :

– Alors du coup tu vas me prêter l'argent, Papa ? Pour payer ma dette à Vassili ?

Il a éclaté de rire.

– Mais je te rembourserai, promis !

– Ah oui ? Comment ?

– Je ne sais pas. Je vais travailler... Je vais me prendre en main, ça sera peut-être un peu long mais j'y arriverai.

– Non.

Il a froncé les sourcils. Comment ça, non ?

– Papa ? S'il te plaît, merde !

C'était non et toujours non. À moi de me débrouiller tout de suite comme un grand, de bosser comme il avait dû le faire lui-même durant sa jeunesse. J'étais effondré. Pour me narguer, il a sorti son téléphone devant moi et a commencé à regarder ses comptes en ligne. Des sommes effarantes.

– Le fruit d'une vie de travail, tu vois..., a-t-il commenté en éteignant son écran.

Je l'ai détesté. Ce jour-là, je l'ai même haï.

– Non, c'est non, Alex. On n'en parle plus.

Il est descendu dans un grand restaurant en demandant à Bodyguard de me ramener en France immédiatement. On a roulé toute la nuit. La route jusqu'à Paris m'a paru la plus laide du monde. J'ai serré les dents.

Quand j'ai retrouvé Diane, je me sentais vide. Elle a voulu m'aider, apaiser les choses. Il fallait donner du temps au temps, disait-elle. Mon anniversaire approchait, cela me changerait les idées, on ferait une soirée tous les deux en amoureux, si je voulais. Je l'ai remerciée : d'accord, d'accord, tu as raison... Mais quelques jours plus tard, j'ai pris ma moto pour fuir. J'avais besoin de silence. J'ai fêté seul mes dix-huit ans.

13

– Votre père cherche souvent à démontrer son pouvoir. Être toujours au-dessus de vous, au-dessus des lois semble lui apporter une jouissance sadique. En termes psychanalytiques, c'est exactement la définition du pervers. Mais peut-être que je me trompe.

Je regarde Georges, atterré. Il pousse un soupir et continue :

– Au fond, Alex, ces histoires d'armes à feu, ça vous flingue... Vous savez ce que Lacan, le psychanalyste, dit à propos du traumatisme ?

– Non.

– Que c'est en fait un *trou*matisme.

Je hausse les sourcils. Les psys, parfois... « *Trou*matisme », d'accord. C'est amusant si on veut, mais après ? Comment ça m'aide à aller mieux ?

– Le trou, je le vois surtout dans mon compte en banque, je réplique.

– Vous avez payé les 150 000 euros ? Comment ça s'est réglé ?

– Ça n'est pas réglé encore. Ça commencera à se régler si j'accepte ce putain de rôle que me propose Werner, parce que là, question fric, c'est tranquille.

Je frotte mon pouce contre mon index.

– Vous allez dire oui, donc ? Pour des raisons financières ?

– Sans doute. Au moins pour ça. Mais c'est à mes risques et périls.

Georges m'interrompt.

– Expliquez-moi, Alex... Ce film, il vous plaît au moins ? Je sais que le projet est confidentiel, mais...

J'hésite une seconde, prêt à lâcher l'info, juste avant de me raviser. Par la fenêtre, une faible lumière commence à percer.

– Le jour va bientôt se lever.

– Vous avez raison. Venez voir comme c'est beau.

Je me penche à la fenêtre à côté de lui et ne sursaute pas quand il passe un bras autour de mes épaules. Une pensée fugace illumine alors ma mémoire. Je me revois petit garçon marchant à côté de ce père si grand, ma main dans la sienne.

A-t-il cru en moi une seule fois dans sa vie comme Georges semble le faire ? Entre ses mots tendres et sa violence, sa présence rassurante et ses coups bas, entre sa bonté et sa cruauté, mon père est une énigme. Je ne le connais pas vraiment. Mais une chose est claire. Accepter ou non ce rôle de cinéma qui pourrait faire basculer mon destin, c'est choisir entre l'enfance et l'âge adulte. C'est transformer l'ombre paternelle, c'est exister pour moi-même.

– Vous m'avez entendu Alex ?

– Non, pardon... J'étais dans mes pensées...

– Je disais que tous les hommes ont leur part de légende.

– Sans doute.

– Et que cette légende vient aussi combler des manques...

– C'est vrai.

– Vous en savez un peu plus, sur celle de votre père ?

J'acquiesce. Il m'a si souvent raconté son histoire. Petit, j'y croyais bien sûr. Je veux dire, je croyais tout. Je sais aujourd'hui qu'il reste des mensonges, des silences, des blessures.

– Quand Papa a été placé en famille d'accueil, il n'avait que trois ans. Ses parents sont morts dans un accident de voiture, il s'est retrouvé orphelin. Il a dû s'inventer un monde. J'imagine que ce drame explique beaucoup de choses, ça a dû être très dur. Son enfance, il n'en parle jamais.

– Il y a une règle en psychiatrie qui dit que, sauf à prendre conscience de son histoire, sauf à travailler sur soi, on retourne toujours vers ce qu'on connaît. Et lorsqu'on a souffert, on a tendance à reproduire le schéma... Cela n'excuse rien, mais il est bon de le savoir.

J'ai hoché la tête. Georges savait trouver les mots. Ça faisait du bien.

– Un jour, peut-être, vous viendrez à Mortagne...
– Oh ! dit-il d'un air surpris. Oui... Peut-être... Si tu en as envie, Alex.
– J'aimerais bien... Vous n'avez pas peur des gros chiens ?
– Si, mais je ferai avec.

*

J'adore me promener dans le parc avec les chiens. Il y en a cinq, aujourd'hui, de splendides bergers allemands, impressionnants. Je les considère un peu comme mes frères. Papa, lui, les idolâtre. Il idolâtre toutes les bêtes. Je n'ai pas oublié ses larmes à la mort de Gaston, pas oublié non plus qu'il avait affrété un hélicoptère pour le soigner alors que j'étais moi-même à l'hôpital. Mais je n'en veux pas aux animaux. Les animaux sont plus purs que nous. Plus aimants. Papa le dit tout le temps, « les bêtes, ça ne te déçoit jamais. On ne peut pas en dire autant des hommes ». J'aime la nature. Les grands arbres, le silence. Dans le domaine ceint de hauts murs, je me sens seul mais entouré. Je ne suis pas livré aux dangers au monde. Papa n'a-t-il pas raison ? Je me dis parfois que je ferai comme lui quand je serai père. J'aurai un domaine coupé de tout, je vivrai en autarcie. Nos enfants, avec Diane, seront à l'abri. Pourquoi pas ?

Il y a quelques mois, je me suis offert une parenthèse au château. Mon père était à l'étranger. Un après-midi, alors que le soleil déclinait doucement, l'envie m'a pris d'aller marcher jusqu'au lac. Je suis monté sur le pont pour contempler la famille des canards, qui avait bien prospéré. De nouveaux canetons suivaient. Combien de temps ça met un canard pour grandir? Comment ça apprend l'autonomie? Sur le pont, je me suis souvenu de la photo que Papa avait fait faire de nous deux pour *Star-Mag*. J'ai gardé cette photo. J'avais sept ans. Nous nous ressemblons beaucoup dessus. J'ai l'air perdu. Lui aussi.

Après le pont, j'ai marché encore et me suis enfoncé dans la forêt. Les feuilles commençaient à tomber. Sous les grands chênes, la lumière diminuait, ou bien était-ce le jour qui tombait déjà? Sous mes pas, le tapis végétal craquait. Les bruits de l'enfance me revenaient, je devinais Wolfie le loup, tapi quelque part. Mais les chiens étaient là qui faisaient rempart autour de moi. Jo, le plus vieux des cinq bergers, ne me lâchait pas des yeux. De temps à autre, il venait me lécher la main.

Au bout de vingt minutes de marche, pris dans le flot de mille pensées, comme toujours à Mortagne, je suis parvenu à l'église. Elle se nichait dans une petite clairière que rien n'annonçait, comme un jet de lumière au milieu de la noirceur des arbres. Cette église, disait Papa, serait son paradis, son sanctuaire. Il en était très fier. Personne ne viendrait troubler son repos.

J'ai regardé mon téléphone, il n'y avait plus de réseau. Papa avait aussi pensé à cela : brouiller les antennes pour qu'il soit impossible de communiquer ici. Je suis resté quelques minutes à contempler ce qui serait sa dernière demeure. Je ne suis pas entré tout de suite car mon attention a été attirée sur la gauche. Des croix dans un petit enclos. Je ne les avais jamais vues encore. Je me suis approché.

Au-dessus de quelques tumulus se trouvaient des croix en fer forgé. Au centre de chacune, un écriteau portant un nom. Achille, Hannibal, Napoléon... Ses chiens préférés, qui m'avaient accompagné durant toute mon enfance. Les tombes étaient fraîchement fleuries. Papa avait dû faire déplacer leurs ossements. Je leur ai tourné le dos pour entrer dans l'église. C'était la première fois que je m'y risquais. Au bout, à la place de l'autel, trônait un immense caveau doré. Il faisait face au chœur.

Je me suis approché.

Un nom était gravé. « Alexandre Delval. » Un trait d'union séparait sa date de naissance d'un blanc que le temps viendrait combler.

En dessous, il y avait encore un nom. Le même. « Alexandre Delval. » Mais là, c'était moi.

J'ai poussé un cri.

Les chiens se sont mis à couiner comme face à un danger imminent. J'ai détalé.

En regagnant le château je suis parti en quête d'une vodka fraîche pour amortir le choc. J'ai ouvert le frigo, trouvé un fond de pot de Nutella dans lequel j'ai plongé mon doigt. Pas de vodka. J'avais faim. J'ai avalé un sandwich, mais ça n'a pas suffi. Comme autrefois avec les nounous, j'avais envie de glaces et de chocolat. Rien dans le second frigo de la cuisine. Alors je suis allé dans l'appentis, où se trouvent les machines à laver et le congélateur couleur métal. J'ai pensé : vodka fraîche. J'ai dû tirer fort pour l'ouvrir.

C'est là que je l'ai vu.

Gaston. Le chat de Papa.

Il l'avait congelé.

*

J'ai cru que Georges allait s'étrangler. Eh oui ! Je sais, quand je raconte cette histoire, tout le monde a la même réaction. Que mon père m'ait infligé les pires crasses ne trouble pas toujours les gens, mais qu'il soit cet homme qui congèle son chat — par amour, bien sûr — les rend dingues. Je ne peux m'empêcher de rire. Au milieu des sorbets et des lasagnes industrielles, il y avait ce chat glacé. « Mon Gaston, mon Gaston... »

– Mais pourquoi ? m'a demandé Georges, les yeux exorbités.

Papa souhaitait le conserver en l'état, au cas où les progrès de la science permettraient un jour de le ramener à la vie. Il se passionnait depuis quelques années déjà pour les articles scientifiques consacrés au transhumanisme. Finalement, que le grand Alexandre Delval prépare sa vie éternelle dans un caveau doré et me garde une place au frais est-il plus absurde ou plus tendre ?

Georges a sifflé d'un coup ce qu'il restait de café froid.

– La cryogénisation ! L'immortalité !

Il a cherché un mouchoir pour se dégager les sinus. Cette histoire, c'était la cerise sur le gâteau.

– Eh bien ça alors... Pas sûr qu'il reçoive le prix Trente Millions d'Amis pour ses œuvres...

– Il est obsédé par l'immortalité, c'est son truc.

– D'accord, mais quand même... Et entre nous, il y a une autre façon de devenir immortel, n'est-ce pas ?

Battre le fer pendant qu'il est chaud !

– Oui, en faisant des enfants ! j'ai répondu du tac au tac. Pour perpétuer la lignée...

Son visage s'est assombri. Quoi qu'on fasse, on en revenait à ça. Terrain glissant. Il fuyait systématiquement le sujet. Mais je voulais comprendre. Il a écrasé sa cigarette, pris une grande inspiration. Puis il a parlé. Sans s'arrêter.

– Tu sais, après le suicide de mon père, je me sentais vraiment mal. Je ne croyais plus en rien, je m'étais replié sur moi-même. Ma mère flottait elle aussi, elle n'arrivait pas à m'aider. Un jour, je ne sais pas pourquoi, je n'ai plus eu la force de continuer. J'étais seul dans l'appartement. J'ai défait ma ceinture. Il y avait un crochet au plafond de ma chambre. Il fallait que ça s'arrête. Au moment où je suis monté sur la chaise, la ceinture pendouillait devant mes yeux. Je me suis trouvé minable, ridicule. Même ça j'allais le rater. J'ai rangé ma ceinture, ma chaise, mes idées noires...

Il cligne des paupières.

– … et j'ai pris le risque d'être déçu par la vie.

Silence.

– Et puis j'ai rencontré celle qui allait devenir ma femme. Une amie d'amis. Je ne l'avais pas remarquée tout de suite. Petite brune, assez réservée, pas la beauté fatale. Sara, c'était son nom. En apprenant à la connaître, je suis tombé sous son charme. « Sara » est devenu le plus beau nom du monde. J'étais conquis. Je vénérais ses petits défauts, son nez trop busqué, ses lèvres fines… Je l'aimais, voilà.

– Et elle est partie…

– Oui. Il y a quatorze ans et deux mois exactement. Elle voulait des enfants. Elle en voulait absolument. Moi pas. J'étais bloqué. Bloqué par mon histoire, mes angoisses. La peur de transmettre un mauvais gène, le dégoût de l'existence… C'est comme ça, je l'ai accepté maintenant. Il y a d'autres types de filiation. D'autres types d'échange.

Il m'a ébouriffé les cheveux.

– Tu es un chouette gamin, Alex. J'aimerais continuer à te voir. Comme ami, pas comme patient…

Je l'ai dévisagé avec émotion. Un ami, avait-il dit ?

– … Pas comme un père non plus : tu en as un, imparfait certes, mais c'est le tien. Il ne t'en faut pas d'autre. Non, un ami, vraiment.

Une vague très douce m'a envahi. J'ai pensé soudain à une artiste, musicienne peut-être, ou était-ce une actrice, qui avait un jour déclaré : « Mon cœur déborde de reconnaissance et je n'ai qu'un tout petit mot pour le dire… »

– Merci.

Il m'a souri.

– Allez, je t'offre une dernière cigarette. Je vois que tu lorgnes dessus...

J'ai aspiré le tabac avec délectation; elles me donnaient un petit genre, ces Vogue. Diane en fumerait peut-être avec moi si je la rappelais...

– Et maintenant, tu peux bien me le dire.

– Quoi?

– Ce rôle que te propose Werner...

J'ai soupiré. Face au soleil qui grimpait dans le ciel de Paris, il n'y avait plus de secret qui tienne. Pas après cette nuit de confessions.

– Voilà : Frédéric Werner veut s'essayer au biopic. Il prépare un grand film sur mon père. Un hommage au cinéma qu'il aime tant... Le rôle qu'on me propose, c'est le sien. Devenir Alexandre Delval. Le fils qui joue le père. La folie totale.

Georges n'a pas semblé surpris. Un grand sourire a illuminé son visage.

– Ben quoi? C'est tout ce que ça vous fait?

– J'avais deviné, Alex.

Il a dû voir mon regard ébahi car il a aussitôt ajouté :

– C'est juste que c'était à toi de me le dire. Quand tu le voulais, quand tu le sentais. Allez, tiens.

Il m'a tendu mon flingue qui avait passé la nuit sur son bureau de verre, comme un témoin silencieux.

– Gardez-le. Jetez-le. Faites ce que vous voulez avec, j'ai dit en secouant la tête. Ça vous fera un souvenir!

Georges l'a rangé dans un tiroir avec un sourire.

– Il est vide. Il a toujours été vide.

J'ai rougi.

– Que crois-tu ? Quand tu me l'as donné tout à l'heure, j'ai bien vu qu'il n'était pas chargé. Il n'y a que Luc, le pauvre, qui ne l'avait pas compris... Le cinéma, tu as ça dans le sang toi aussi, c'est tout. Allez, viens ! On va marcher sur les quais. Rien n'est plus beau que l'aube qui se lève sur Paris.

ÉPILOGUE

L'obscurité s'évapore et Paris retrouve des couleurs nouvelles. Six heures, les premières voitures, les premiers travailleurs. Mais je ne les vois pas. Il n'y a que lui, moi et cette folle nuit. Georges a enfilé un blouson en daim qui le grossit un peu et marche les mains enfoncées dans les poches. Il ne fume plus. Je me sens bien à cheminer sur les pavés avec lui.

– Le cinéma m'a longtemps fait peur. Je reculais pour ne pas faire comme mon père... En fait, c'est bien autre chose. J'ai compris ça après le premier essai avec le réalisateur. Je crois que jouer, c'est ma manière de transformer ma vie, de me sentir mieux...

– De passer du statut de spectateur à celui d'acteur de son existence ?

– Oh vous les psys, ce que vous êtes chiants ! ai-je répondu en lui donnant un petit coup de coude. C'est difficile à expliquer, ai-je continué, mais j'ai l'intuition que l'art va changer mon destin, que mon salut passera par les mots. Le jeu.

– Je comprends. On parlait d'immortalité tout à l'heure, a-t-il repris imperturbable. Le cinéma, c'est fixer le mouvement et la vie pour toujours.

Ça pourrait être une définition de l'immortalité aussi, non ?

J'ai aimé son idée. Il avait raison.

Une péniche a glissé sur la Seine, chargée de marchandises mystérieuses. Au bout du voyage, des hommes l'attendaient. Ils déchargeraient bientôt ses trésors, trinqueraient sur le pont, avant de la laisser repartir vers son port d'attache. Et tout recommencerait.

– Georges...

– Oui ?

Une mouette a traversé le ciel.

J'ai tourné la tête et il m'a souri. Ma question est restée suspendue aux ailes de l'oiseau. On se comprenait. Il a continué d'avancer, une petite fossette gravée sur la joue. Le soleil piquetait d'or l'eau du fleuve. Pas un mot. Son regard bienveillant suffisait.

REMERCIEMENTS

Au moment d'apposer le mot « fin » à cette histoire, je voudrais remercier quelques personnes qui ont beaucoup compté pour moi au cours de cette aventure.

D'abord mon éditrice Caroline Laurent, qui a su me donner l'énergie d'écrire cette histoire. Avec douceur et enthousiasme, elle m'a épaulé et soutenu du début à la fin de cette épopée. Je ne voulais pas faire un livre-témoignage ni un document, mais véritablement un roman, avec de la fiction, des inventions, du romanesque. Caroline m'a offert cet espace de liberté dont j'avais besoin. Qu'elle en soit ici remerciée.

Merci ensuite à Valentin Spitz, mon « pote écrivain ». Je me souviendrai toujours de notre discussion au café de l'avenue de Breteuil un soir d'été. Ce jour-là, assez angoissé, je lui ai fait part de mon envie d'écrire un roman. Valentin a su me transmettre un peu de ce pouvoir magique qu'ont les gens de lettres pour transformer les douleurs en mots. Il m'a montré le chemin et m'a fait comprendre à quel point pour écrire il faut accepter de faire face à ses peurs. Merci à lui pour les SMS de cinq heures du matin, les appels paniqués auxquels il répondait toujours avec bienveillance, les conseils de travail si nombreux et surtout l'amitié qui fait tomber toutes les barrières...

Je voudrais adresser également un merci tout particulier à l'équipe des éditions Stock et notamment à Manuel Carcassonne, qui a été d'un fidèle et permanent soutien.

Enfin, merci à vous, libraires et lecteurs. Sans vous, ce livre n'existerait pas.

Création graphique de la couverture
et de la mise en pages intérieure :
Hokus Pokus Créations.
Le texte est composé en Andada, un caractère dessiné
par Carolina Giovagnoli pour Huerta Tipográfica.

Imprimé en France
FRHW010139160124
37743FR00004B/8

9 782234 086074